O TARÔ DAS BRUXAS

Ellen Cannon Reed

O TARÔ DAS BRUXAS

Tradução
EUDES LUCANI

EDITORA PENSAMENTO
São Paulo

Título original: *The Witches Tarot.*

Copyright © 1989 Ellen Cannon Reed e Martin Cannon.

Copyright © 2004 Editora Pensamento-Cultrix Ltda.

4ª edição 2012.

Publicado originalmente por Llewellyn Publications,
St. Paul, MN 55164-0383 – USA – www.llewellyn.com

Todos os direitos reservados. Nenhuma parte deste livro pode ser reproduzida ou usada de qualquer forma ou por qualquer meio, eletrônico ou mecânico, inclusive fotocópias, gravações ou sistema de armazenamento em banco de dados, sem permissão por escrito, exceto nos casos de trechos curtos citados em resenhas críticas ou artigos de revistas.

A Editora Pensamento não se responsabiliza por eventuais mudanças ocorridas nos endereços convencionais ou eletrônicos citados neste livro.

Ilustrações, do livro e das cartas, de Martin Cannon.

Direitos de tradução para a língua portuguesa
adquiridos com exclusividade pela
EDITORA PENSAMENTO-CULTRIX LTDA.
Rua Dr. Mário Vicente, 368 – 04270-000 – São Paulo, SP
Fone: (11) 2066-9000 – Fax: (11) 2066-9008
E-mail: atendimento@editorapensamento.com.br
http://www.editorapensamento.com.br
que se reserva a propriedade literária desta tradução.
Foi feito o depósito legal.

IMPRESSÃO E ACABAMENTO
COMETA GRÁFICA EDITORA
TEL/FAX - 11 2062.8999
www.cometagrafica.com.br

Dedicatória

Para Christopher, pela sua generosidade,
e
para os Anciãos do Coven de Sothistar,
por tudo o que me ensinaram.

Agradecimentos

Agradeço a Joeline Webber o ter-me mostrado o mundo dos cristais e a possibilidade de incluí-los neste livro; e a Martin Cannon a compreensão perfeita das minhas idéias.

Sumário

Introdução 9

Parte I: Os Caminhos 11
Entre as Esferas 13
    O 32º Caminho 17
    O 31º Caminho 23
    O 29º Caminho 27
    O 30º Caminho 33
    O 28º Caminho 37
    O 27º Caminho 41
As Noites Escuras da Alma 46
    O 25º Caminho 51
    O 24º Caminho 55
    O 26º Caminho 61
    O 21º Caminho 67
    O 23º Caminho 73
    O 20º Caminho 77
    O 22º Caminho 81
    O 19º Caminho 87
    O 16º Caminho 91
    O 18º Caminho 95
    O 15º Caminho 99
    O 17º Caminho 103
    O 13º Caminho 107
    O 14º Caminho 111
    O 12º Caminho 115
    O 11º Caminho 119
Como Usar os Caminhos 123
Os Arcanos Menores 126

Parte II: O Tarô 129

Adivinhação com o Tarô 131

    As Cartas de Ases 138

    As Cartas de nº Dois 141

    As Cartas de nº Três 144

    As Cartas de nº Quatro 147

    As Cartas de nº Cinco 150

    As Cartas de nº Seis 153

    As Cartas de nº Sete 156

    As Cartas de nº Oito 158

    As Cartas de nº Nove 161

    As Cartas de nº Dez 163

As Cartas da Corte 166

Os Arcanos Maiores 179

Parte III: Apêndices 195

Apêndice I: *Arranjos/Modelos de Leitura* 197

Apêndice II: *As Jornadas dos Caminhos* 204

Apêndice III: *Atribuições* 213

Bibliografia 223

Introdução

Felizes nos encontramos, irmãos e irmãs! E se vocês estão lendo este livro porque leram *A Deusa e a Árvore* [*The Goddess and the Tree*, publicado inicialmente como *The Witches Qabala, A Cabala das Bruxas*], e queriam mais, duplamente felizes nos encontramos! A presença de vocês aqui significa que alcancei o meu objetivo quando escrevi *A Deusa e a Árvore*, pois vocês continuaram a busca.

A Deusa e a Árvore foi escrito como elo de ligação entre a Cabala e os adeptos pagãos, para que pudessem compreender e praticar melhor esse conteúdo há muito negligenciado por todos nós, pagãos. (Pelas reações, o livro alcançou esse objetivo junto a muitos leitores.) *O Tarô das Bruxas* é uma continuação desse estudo. O primeiro livro abordou as esferas da Árvore da Vida. Este dedica-se aos *caminhos entre as esferas*, um tema de igual importância, mas menos aprofundado que o das esferas.

E aqui é que está o problema, pois o material escrito sobre os caminhos é escasso, diferentemente do que acontece com as esferas. Foram necessários muito mais estudos, pesquisas, meditações e reflexões para escrever este volume, e por isso ele contém bem mais de mim mesma e das minhas idéias. Como Gareth Knight se expressou a respeito do seu livro *Practical Guide to Qabalistic Symbolism, Vol. II*, ele é mais um resultado de meditação e contemplação do que um "compêndio de idéias esotéricas". Eu certamente gostaria de ter dito isso.

Ao escrever o livro, primeiro dediquei bastante tempo a cada caminho, imaginando o que ele poderia significar. O 11º Caminho, por exemplo, entre Kether e Chokmah, simboliza a idéia de ser, tornando-se a idéia de força. Perguntei a mim mesma: O que significa isso?

Em seguida, detive-me em cada atribuição e, recorrendo apenas aos meus pensamentos e meditações, procurei descobrir as razões que a justificavam. Quando as idéias se esgotaram, passei a meditar sobre o Texto Yetzirático para cada caminho. Esses textos pertencem a um antigo livro chamado *Sefer Yetzirah*, do qual existem diversas traduções. Usei a tradução de Wynn Westcott. Só depois de extrair dele o máximo possível foi que recorri a outras obras sobre o assunto. Em geral, encontrei mais concordâncias do que discordâncias. As obras consultadas ajudaram a ampliar e a elucidar a minha própria.

As minhas idéias para os desenhos do Tarô desenvolveram-se de modo semelhante; além disso, procurei formas para expressar em termos pagãos as idéias representadas pelas cartas. O baralho que resultou desse processo aproxima-se bastante dos baralhos populares atuais, pelo menos com relação aos Arcanos Maiores. Os Arcanos Menores e algumas cartas dos Maiores são bem diferentes.

Se outras idéias lhe ocorrerem, ou se você gosta da minha idéia mas prefere outros sistemas de atribuição, as suas idéias são as corretas para você. Existe uma Cabala para cada indivíduo, cada uma ligeiramente diferente. Como as religiões, cada Cabala é apropriada para a pessoa que a professa. Se você tomou a sua decisão depois de meditar e refletir, de certo modo estamos de acordo, pois ambos estamos certos.

PARTE I: OS CAMINHOS

ENTRE AS ESFERAS

O estudo das esferas da Árvore da Vida é fascinante. Podemos dedicar anos de pesquisa só a esse aspecto da Árvore. Eu fiz isso. Mas os caminhos entre as esferas são tão interessantes e empolgantes quanto as esferas. Eles aprofundam o nosso conhecimento e, por conseguinte, a aplicação da Cabala.

As esferas representam os estados de ser; os caminhos simbolizam os estados de vir-a-ser. Isso é fácil de dizer, mas o que significa? É o que vamos ver.

As esferas são estados subjetivos — coisas que você é; os caminhos são estados objetivos — coisas que você experimenta. As esferas têm experiências espirituais que a elas se relacionam; os caminhos *são* experiências espirituais. Eles representam as experiências que você tem enquanto percorre o trajeto de uma esfera para a seguinte. A experiência vivida depende do caminho que você trilha e da direção que segue, para cima ou para baixo. Esses termos são apenas direcionais, não juízos de valor. Percorremos a maioria dos caminhos muitas vezes, em ambas as direções.

As experiências dos caminhos podem acontecer antes, durante e depois de encarnações — vivemos os caminhos em diferentes níveis em tempos diferentes. O 26º Caminho é um bom exemplo disso, pois é um dos caminhos "iniciatórios" — a experiência ocorre num dos seus níveis por causa de uma determinada iniciação. Ela ocorre em outro nível depois da morte do corpo.

Alguns caminhos estão além da experiência humana — isto é, só são vividos nas fases iniciais da vida do Espírito ou imediatamente antes do retorno do Espírito à sua Fonte.

Algumas experiências concorrem para a formação da sua Personalidade atual; outras são importantes para o seu crescimento espiritual durante esta encarnação, e outras ainda só têm sentido após o fim da sua vida no corpo atual.

Os caminhos têm menos correspondências que as esferas. A primeira correspondência é uma letra do alfabeto hebraico, em geral usada como nome do caminho. Cada caminho tem seu conjunto de Cores Cintilantes que representam os Quatro Mundos, e recebe também um símbolo como atribuição — um planeta, um elemento ou um signo do zodíaco. Com freqüência, é a forma do símbolo que o torna aplicável ao caminho, e não o sentido que normalmente lhe atribuiríamos. Para simplificar, adotaremos o termo "Atribuição Astrológica" para identificar esses símbolos.

A quarta atribuição é provavelmente a mais conhecida. Cada um dos 22 trunfos dos Arcanos Maiores é atribuído a um caminho específico. Embora se acredite que a atribuição dos trunfos do Tarô à Árvore seja relativamente recente (alguns séculos), eles passaram a representar um aspecto importante da Árvore. Muitas figuras, especialmente dos Arcanos Maiores, são glifos que expressam o significado do caminho. Os baralhos mais recentes, principalmente a partir de Waite, aplicam um esforço especial para alcançar esse objetivo.

Embora o espaço não permita uma exposição completa de todos os baralhos, incluo descrições de três: de Waite, da Golden Dawn e a minha visão do baralho ideal. O meu baralho é uma tentativa de simbolizar as experiências dos caminhos, e isso em termos pertinentes a nós pagãos. Muitos símbolos serão semelhantes a desenhos já existentes, outros não.

A quinta atribuição é criação minha. A "Figura Mitológica" ajuda a expandir a experiência encontrada nesses caminhos. A divindade ou figura mitológica não é atribuída à energia do caminho, como acontece com as esferas, mas a *lenda* ou *função* da figura tem relação com a experiência do caminho.

Incluí outras correspondências para alguns caminhos, como perfume, animal e arma ou instrumento de magia. Às vezes os motivos para uma atribuição são óbvios — por exemplo, a jóia mágica é geralmente atribuída em função da sua aparência —, mas alguns são menos evidentes. Muitas dessas atribuições são tradicionais; algumas foram acrescentadas por mim. Para maior facilidade, estas estão também resumidas no Apêndice II.

Os caminhos são numerados de onze a trinta e dois. No *Sefer Yetzirah*, as esferas são denominadas "caminhos" e representam os dez primeiros.

A numeração dos caminhos pode ser um pouco confusa "a menos que conheças o mistério". Começando com Kether, todos os caminhos a ele ligados são numerados, e daí prosseguimos para a esfera seguinte.

Três caminhos estão ligados a Kether: os que levam a Chokmah, a Binah e a Tifareth, numerados nessa ordem. O 11º Caminho está entre Kether e Chokmah; o 12º entre Kether e Binah e o 13º entre Kether e Tifareth.

Chokmah conecta-se com quatro esferas através de quatro caminhos. O caminho que conduz a Kether já está numerado; por isso numeramos os caminhos a Binah, Tifareth e Chesed.

Binah também tem quatro caminhos, mas dois deles — os que levam a Kether e a Chokmah — estão numerados, restando apenas os caminhos a Tifareth e a Geburah. Esse sistema estende-se, assim, ao restante da Árvore.

No seu livro, *Practical Guide to Qabalistic Symbolism, Vol. II*, Gareth Knight adota uma divisão tríplice da pessoa:

PERSONALIDADE: O nosso Eu Atual, quem somos nesta vida. Este Eu subsiste apenas por uma existência.

INDIVIDUALIDADE: O nosso Eu Interior, mais espiritual do que a personalidade. Este Eu subsiste por uma evolução.

ESPÍRITO: O nosso Eu Eterno — a parte de nós que se tornará uma com a Fonte.

Outros ensinamentos esotéricos incluem mais ou menos aspectos do Eu — desde os mais simples, Espírito e Personalidade — até sete ou oito eus.

O que é certo? O nosso Espírito manifesta-se em Personalidades até alcançar a perfeição e tornar-se um com o Deus ou com a Deusa? Ou ele se manifesta em várias Personalidades até alcançar a perfeição, quando então se manifesta em muitas Individualidades que se manifestam em...?

Não tenho a pretensão de saber a resposta. A primeira me parece simples demais. A última é excessivamente complexa para que eu possa compreendê-la. Tenho para mim que por mais complexa que seja uma idéia que possamos expressar e compreender, a realidade é mais complexa ainda. Para fins explicativos, adotarei o aspecto tríplice e a respectiva nomenclatura propostos por Gareth Knight.

Cada Tradição da Arte e outras tradições pagãs aplicam diferentes métodos de treinamento e sistemas diversificados de iniciação. Relacionei várias experiências dos caminhos com o sistema de graus que adoto. Naturalmente, você terá de relacionar os seus próprios termos e sistema com os meus. Para que você tenha condições de fazer isso, descrevo brevemente o meu sistema de graus:

PRIMEIRO GRAU: Sacerdote/Sacerdotisa do Deus ou da Deusa. Preparado para presidir rituais, etc. Não é mais um estudante (a não ser no sentido de que nunca paramos de aprender), mas um *praticante* da Arte.

SEGUNDO GRAU: Sumo Sacerdote/Grã-Sacerdotisa: Professor, qualificado para coordenar um grupo. Dedicação muito especial ao Senhor e à Senhora. O bruxo ou a bruxa de Segundo Grau dedica a sua vida ao Senhor e à Senhora, fazendo o que Eles consideram adequado. É um compromisso de servir a Eles, um compromisso que é posto à prova. Cabalisticamente, esse é o tempo em que o Iniciado percorre o 24º, o 25º e o 26º Caminhos num nível iniciatório.

TERCEIRO GRAU: O Iniciado celebra por ter passado pelas provas do Segundo Grau sem ter maculado seu compromisso. Este grau não é superior ao Segundo, mas seu complemento. No meu coven, o Iniciado recebe nessa fase o título de *Ancião* da Tradição.

A forma *mais simples* de analisar os caminhos pareceria ser a da ordem numérica, mas não acho que seja a *mais clara*. Não me afastei muito da ordem inversa, e espero que você assimile as informações com facilidade.

32º CAMINHO

MALKUTH — YESOD

O FUNDAMENTO DO REINO
O REINO DO FUNDAMENTO

LETRA: Tau, cruz
CARTA: O Universo
ATRIBUIÇÃO ASTROLÓGICA: Saturno
CORES CINTILANTES: Índigo
                                  Preto
                                  Preto-azulado
                                  Preto raiado de azul
FIGURA MITOLÓGICA: Íris
PLANTA: Freixo, erva-moura
PERFUME: Assa-fétida
JÓIA: Quartzo enfumaçado

> "O Trigésimo Segundo Caminho é a Inteligência Administrativa, e é assim chamado porque dirige e associa os movimentos dos sete planetas, orientando-os em seu curso."*

Este é um caminho que percorremos muitas vezes, em muitos níveis. Passamos por ele quando nascemos e quando morremos. Nós o trilhamos quando meditamos, sentimos emoções e recebemos inspiração. Simbolicamente, os nossos astronautas fizeram este caminho fisicamente, pois ele leva da Esfera da Terra à Esfera da Lua, e desta de volta à Terra.

Quando o seu corpo morre, o seu espírito perfaz o 32º Caminho de Malkuth a Yesod, uma esfera de pensamento. Ao nascer, você desce, passando por um canal escuro.

Na prática dos xamãs, uma jornada xamânica começa com a entrada numa caverna, numa cova no solo ou num túnel escuro de algum tipo para chegar ao Outro Mundo (Cabalisticamente, Yesod).

---

* As citações que iniciam cada caminho são extraídas do *Sefer Yetzirah*.

Fui certa vez instrumento de uma jornada assim. O homem que realizava a viagem me explicou que, em estado de transe, ele entraria numa caverna — minha mente inconsciente — e procuraria o espírito-animal que era meu protetor. Na realidade, ele estava "subindo" pelo 32º caminho.

O Texto Yetzirático nos diz que essa inteligência dirige os sete planetas em seu curso correto. Num nível físico, isso se refere aos planetas e aos seus luminares; na Árvore, porém, refere-se às esferas. No 32º Caminho, as energias das várias esferas — tanto a força como a forma — são dirigidas para manifestação no plano físico. Quando percorremos este caminho, elas são dirigidas para os cursos apropriados, como nós — pois fazemos parte da Árvore.

A Atribuição Astrológica deste caminho é Saturno, cujo símbolo é composto por uma cruz e uma lua crescente — dois símbolos que criam um glifo perfeito para este caminho. A cruz com braços iguais representa os quatro elementos em equilíbrio, e Malkuth é a sede das manifestações físicas dos elementos. A lua crescente representa, sem dúvida, a Lua, e Yesod é a Esfera da Lua.

Saturno é também a Atribuição Planetária de Binah, refletindo a presença dessa esfera neste caminho. Binah é a Mãe da Forma, e o 32º Caminho leva para a forma física e dela parte. O símbolo de Saturno também se assemelha a uma foice, instrumento representativo do nascimento/morte. O grão é segado pela foice e cai no solo (morte), onde, no devido tempo, retorna à vida. Se a foice não cumprisse a sua função, o grão permaneceria no talo e teria morte permanente.

A Deusa Íris é a Figura Mitológica do 32º Caminho, pois além de ser a Deusa do Arco-íris, ela cumpria a tarefa de cortar o "cordão de prata que une a alma ao corpo" na ocorrência da morte física. O arco-íris, seu símbolo, é uma ilusão, uma artimanha da luz, e esse caminho leva à Esfera da Ilusão, Yesod. O arco-íris só pode ser visto de um lado — de Malkuth.

A carta do Tarô atribuída a este caminho é O Universo, ou O Mundo, número 21. Na maioria dos baralhos, essa carta apresenta uma mulher flutuando no espaço, segurando varas, espirais ou raios. Os símbolos dos querubins elementais estão em geral representados nos quatro cantos da carta. Eu vejo essa mulher desnuda, apenas parcialmente recoberta por uma manta em forma de arco-íris. A perna esquerda está dobrada atrás da direita, formando uma cruz. Ela segura uma espiral em cada mão, uma voltada para cima e outra para baixo. Um círculo formado por outros 12 círculos a envolve por inteiro.

Quem é ela? Ela é a Dadora de Vida e a Portadora da Morte. Quando descemos pelo caminho, ela é o Útero da Vida, o Canal, se você preferir, pelo qual todos entramos na vida física. Quando subimos, ela é os braços amorosos que nos acolhem. Ela nos afasta do nosso corpo e nos leva para Casa.

O círculo que a envolve é o Útero que nos gera para a encarnação física e o Ventre do infinito para o qual retornamos.

Malkuth é simultaneamente o Portão da Vida e o Portão da Morte. Nascimento e morte são termos relativos. Quando entramos no corpo físico, deixamos para trás o conhecimento consciente de entes queridos de muitas vidas, das "Terras do Verão" (Summerlands), e entramos neste mundo como estranhos. Essa é uma forma de morte. Deixando a vida terrena, recuperamos aquelas lembranças e aqueles entes queridos — renascemos. (Numa meditação recente, a Deusa inspirou-me estas palavras: "Morte/Vida, Vida/Morte. Sempre me perguntei o porquê de duas palavras diferentes.")

Alguns autores dizem que sob o manto estão ocultos genitais masculinos. Isso também tem relação com o aspecto nascimento/morte do caminho. A mulher leva o feto em seu útero e dá à luz, sendo portanto a geradora mais óbvia; mas o homem também exerce o seu papel na geração do filho, embora de forma menos evidente. Também masculinos são quase todos os deuses do Mundo Subterrâneo — Osíris, Plutão, Hades.

Nos cantos da carta estão os Querubins dos Elementos: um Homem, uma Águia, um Touro e um Leão, lembrando-nos o aspecto elemental da carta. Os elementos e os elementais são componentes essenciais deste caminho. Sabemos que os elementais — sílfides, salamandras, ondinas e gnomos — não são os elementos em si, mas a causa dos elementos. Os Querubins estão tão acima dos elementais quanto os deuses estão acima dos Querubins, de modo que essas figuras na carta servem de lembretes, não somente de si mesmas, mas também das Criaturas Santas Vivas de Kether, cujos símbolos são os mesmos. Como em cima, assim embaixo.

No 32º Caminho, passamos da experiência do aprendizado sobre a existência do Eu Maior individual, da individualidade pessoal para uma expansão da consciência com relação ao Eu Maior do Universo.

Na história da humanidade, demos um enorme passo quando compreendemos que a Lua não era simplesmente uma fonte de luz, mas um planetóide — um mundo em si mesmo. E demos um passo ainda maior quando do entendemos que a Terra não era o centro do universo.

Esse processo é comparável à subida do 32º Caminho e à vivência desse Caminho nesta existência. Primeiro compreendemos que nós, a nossa personalidade atual, somos apenas uma pequena (embora importante) parte de nós mesmos. Em seguida, aprendemos que não somos o centro do universo. No 32º Caminho, vamos ao encontro de uma compreensão das causas da vida física e de como as coisas são influenciadas pela vida não física.

Num sentido, essa compreensão é uma iniciação no verdadeiro sentido da palavra — um começo. Por essa razão, atribuo a este caminho o quartzo enfumaçado. Seu efeito mágico é o da iniciação. Ele é um professor, alguém que produz mudanças dentro de você, mudanças que o ajudarão ao longo do seu processo de crescimento. Se meditar sobre ele, prepare-se para essas mudanças. Não digo que serão mudanças fáceis de aceitar, mas elas o ajudarão a avançar se você as deixar agir.

Tav, a última letra do alfabeto hebraico, significa Tau. Alguns dizem que ela representa a letra do alfabeto grego, mas penso que faz mais sentido dizer que ela representa a Cruz Tau. Essa cruz faz parte de muitas culturas em todo o mundo. Fiquei muito surpresa ao descobrir que algumas fontes consideravam o Ankh um Tau com um arco sobreposto — até então eu imaginava que o Tau era um Ankh decapitado.

De acordo com *Sir* Wallis Budge, se a Cruz Tau era efetivamente um hieróglifo egípcio, ele provavelmente denotava "nascimento", e portanto "vida". De todos os sentidos que descobri, este é o que melhor se aplica a este caminho. Seja qual for a direção que se siga, ele representa nascimento.

Tav é também a cruz de braços iguais mencionada acima — a cruz dos elementos, a cruz da manifestação, a mesma cruz encontrada no símbolo de Saturno, sobreposta por uma lua crescente.

Há muitas meditações para trabalhar com este caminho. Deter-se em contemplação sobre a carta e os seus vários símbolos é sempre benéfico. Imagine-se como a figura central, ou como uma criança no ventre dessa figura. Escolha uma correspondência e descubra suas próprias razões para atribuí-la a este caminho. Isto se aplica a todos os caminhos.

Uma das correspondências apresenta um desafio intelectual que você pode achar interessante e com o qual pode aprender. O perfume atribuído ao 32º Caminho é a assa-fétida e todos os odores "maus". E muitos autores nos advertem sobre as ilusões e as coisas repugnantes que se encontram no 32º Caminho. Isso reflete a idéia da psicologia moderna de que o subconsciente é um repositório de todos os nossos desejos e ódios reprimidos, uma fossa de horrores.

Eu jamais diria que o subconsciente não contém pensamentos de que não nos orgulhamos, mas essas coisas não são más. Elas representam ignorância — lições que ainda não aprendemos, problemas que não resolvemos. Elas não são inofensivas, de maneira nenhuma, mas são a parte de nós que precisa ser trabalhada, e nós que pertencemos à Arte estamos trabalhando sobre elas, e todos os que escolheram um caminho espiritual estão trabalhando sobre elas. Essa é a essência de todos os caminhos espirituais.

A assa-fétida e outros "maus" odores parecem representar corrupção, imundície, o mal. O desafio é este: Que odor representa a ignorância? Eu ainda não descobri. Pode você fazer isso?

O 31º CAMINHO

HOD — MALKUTH

A GLÓRIA DO REINO
O REINO DA GLÓRIA

LETRA: Shin, dente
CARTA: O Julgamento
ATRIBUIÇÃO ASTROLÓGICA: Fogo
CORES CINTILANTES: Escarlate-alaranjado brilhante
Escarlate
Escarlate matizado com dourado
Escarlate salpicado com carmesim e esmeralda
FIGURA MITOLÓGICA: Prometeu
PLANTA: Papoula vermelha
JÓIA: Opala de fogo
PERFUME: Olíbano e todos os odores fortes

"O Trigésimo Primeiro Caminho é chamado Inteligência Perpétua. Por que recebe esse nome? Porque ele regula o movimento do Sol e da Lua na ordem que lhes corresponde, cada um na órbita apropriada."

O caminho entre Hod e Malkuth, entre mente e corpo, tem relação com a evolução psíquica, com as suas encarnações anteriores e com o modo como você se tornou quem e o que é nesta existência. Ele também está relacionado com a evolução psíquica de toda manifestação, com o desenvolvimento da humanidade como espécie pensante e por vezes consciente.

A carta que representa este caminho é O Julgamento: ela mostra pessoas elevando-se do solo ou de caixões em resposta evidente à trombeta de um anjo. Tem-se a impressão de que ela representa o Dia do Juízo Final professado pela fé cristã, com as pessoas levantando-se do túmulo ao chamado da trombeta de Gabriel. Embora esse possa ser mais um símbolo cabalístico que aos poucos passou a fazer parte da vida das pessoas, com certas distorções, não é esse o significado da carta. É errôneo denominá-la "O Juízo Final", como fazem muitos baralhos.

Na verdade, o anjo é um *arcanjo*: Miguel, o Arcanjo de Hod. A carta simboliza a saída do túmulo somente no sentido de que deixamos o corpo para trás e nos dirigimos para o período "intermediário" — o período entre encarnações quando ocupamos o tempo associando o conhecimento adquirido nesta vida, descansando, aprendendo e escolhendo as circunstâncias da vida seguinte.

Como a maioria dos glifos, porém, a carta representa várias coisas. A Atribuição Astrológica para este caminho é o Fogo, e esta carta é um glifo do fogo. A papoula vermelha é a cor do fogo. A opala de fogo parece reunir as línguas da chama no seu núcleo.

Miguel é também o Arcanjo do Fogo. Ele e duas outras figuras ao seu lado formam um triângulo que aponta para cima, sinal alquímico do Fogo. Miguel representa o Fogo Solar, a figura à esquerda o Fogo Vulcânico (terrestre) e a figura à direita o Fogo Astral, ou Fogo Lunar, se você preferir. A figura da direita é também o calor oculto — o calor do seu sangue, e geralmente é representada duplicada.

A figura mais abaixo eleva-se de um túmulo cubiforme, e está com os braços abertos para receber o fogo do alto. Ela representa o calor latente, e também os que percorrem este caminho por iniciação. Uma meditação muito proveitosa sobre esta carta é você imaginar-se como essa figura, fazendo parte da cena.

O nosso objetivo ao viver todas essas vidas é o crescimento, e em geral o crescimento precisa de purificação. Haverá purificador melhor do que o Fogo? O Caminho do Fogo desce de Hod, a base do Pilar da Severidade, e é a ligação direta de Malkuth com esse pilar.

O símbolo de Saturno aplicado ao 32º Caminho representa um reflexo de Binah. As serpentes ígneas representadas dançando em torno do arcanjo são os Serafins, os anjos de Geburah. É desse modo que as outras duas esferas deste pilar são representadas na carta, mostrando que essas energias estão presentes — influenciando-nos através desse caminho.

Em cada vida estamos "restritos" a uma personalidade, inconscientes por um tempo (e, para muitos, por uma existência) de algo mais do que de nossas mentes conscientes. Existe um propósito por trás disso, que talvez não compreendamos. Pode ser o de concentrar-nos — podemos lidar melhor com as nossas experiências atuais se não somos distraídos por lembranças de vidas anteriores.

Essas lembranças, porém, nos afetam, pois nossas vidas passadas nos direcionaram para a atual. Toda a nossa história psíquica criou a Personalidade que temos hoje. O 31º Caminho representa essas histórias, tanto as pessoais como a história da humanidade, da civilização.

Trilhamos este caminho com freqüência, como acontece com o 32º. Nós o percorremos quando procuramos nos conhecer melhor, especialmente as nossas vidas pregressas. Meditar sobre ele pode trazer-nos sobre essas vidas informações que podem ser úteis na vida atual. Talvez você descubra por que você é você, e muita coisa sobre quem você foi ou é.

Novamente vemos o simbolismo do Fogo atribuído a este caminho, pois o controle desse elemento foi o primeiro ou um dos primeiros passos dados pela humanidade em direção à civilização (como ela se apresenta). A própria letra hebraica Shin (ש), que aparece na base da carta do Tarô, relembra línguas de fogo. Ela significa "dente".

(É óbvio que a análise a seguir não é tradicional, mas o importante é a comunicação, não?)

Os rabinos usam a letra Shin como um gesto de bênção. Eles estendem as mãos, palmas para a frente, mantendo os dedos mínimo e anular unidos. (Na carta O Diabo do baralho de Waite, o diabo tem a mão direita nessa posição.) A congregação não olha para o rabino nesse momento.

Então, como eu sei? Porque Leonard Nemoy espreitou e esse gesto se tornou a saudação de Vulcano na série *Guerra nas Estrelas* na TV e no cinema.

O que isso tem a ver com o 31º Caminho? A resposta é: Se o Sr. Spock fosse Malkuth, o 31º Caminho seria o seu legado de Vulcano.

Os vulcanos se empenham em ser lógicos e insensíveis em todos os momentos. Hod, uma das extremidades deste caminho, é a Esfera da Lógica. Este caminho representa o nosso desenvolvimento como pessoas pensantes, inteligentes, civilizadas. (Bem, alguns de nós.) Se a nossa Árvore tivesse só um pilar, este mostraria o desenvolvimento dos vulcanos como um povo sem emoções governados pela lógica. Nós, seres humanos, porém, somos o resultado dos três pilares que se unem em Malkuth.

Prometeu, a Figura Mitológica do 31º Caminho, trouxe o fogo para a humanidade, e por esse ato teve de suportar a ira dos outros deuses. Freqüentemente, o nome Prometeu é traduzido como "primeiro pensamento" ou "antes do pensamento".

Este caminho é denominado Inteligência Perpétua porque ele "regula" o Sol e a Lua. Como símbolos, o Sol e a Lua são o Senhor e a Senhora, masculino e feminino, positivo e negativo. Hod é a esfera em que os sexos são escolhidos, isto é, a Personalidade decide que sexo assumirá nesta vida. Este caminho e o conhecimento dele oferecem as razões dessas escolhas.

O 29º CAMINHO

NETZACH — MALKUTH

A VITÓRIA DO REINO
O REINO DA VITÓRIA

LETRA: Qoph, parte posterior da cabeça
CARTA: A Lua
ATRIBUIÇÃO ASTROLÓGICA: Peixes
CORES CINTILANTES: Carmesim
       Amarelo-pardo matizado de branco-prateado
       Castanho-róseo claro
       Pedra
FIGURA MITOLÓGICA: Mãe Anciã (Vênus de Wellendorf, por exemplo)
PLANTA: Lótus
JÓIA: Pérola

"O Vigésimo Nono Caminho é a Inteligência Corpórea, assim chamado porque regula os corpos formados em todos os mundos e a sua reprodução."

Enquanto o 31º Caminho representa o desenvolvimento mental, intelectual e intencional, o 29º representa a evolução física. Ele é chamado de Inteligência Corpórea.

Como Hod lança suas raízes em Chesed, assim Netzach firma-se em Geburah. Os aspectos de Geburah que se manifestam no 29º Caminho são os que nós seres civilizados consideramos desagradáveis.

Por exemplo, um dos aspectos deste caminho é a seleção natural — a sobrevivência dos mais aptos. Tudo o que não se adapta às condições ambientais não sobrevive. O peixe maior engole o menor e este se alimenta de plâncton.

Somos pessoas civilizadas. Compramos carne bem embalada e sem sangue no supermercado.

28 ✢ O TARÔ DAS BRUXAS

Não somos um bando de selvagens que aos alaridos perseguem um veado, estraçalham-no com facas (facas... contra um veado com chifres), celebram com urros a sua morte e dançam ao seu redor cobertos de sangue coagulado. Não, esses não somos nós.

Sem dúvida, os animais que comemos ainda são mortos, esfolados e eviscerados, mas não pensemos nisso. Degustemos nossos bifes e imaginemos que eles crescem na grelha da churrasqueira.

Era costume entre muitos "selvagens" agradecer à sua caça tudo o que ela lhes fornecia — alimento, roupas, abrigo — e pedir perdão pela necessidade de matá-la. Eles pediam sua compreensão e tratavam o seu corpo com reverência. E também usavam *cada pedacinho* da carcaça, não desperdiçando absolutamente nada.

Nós, "homens civilizados", quase extinguimos o bisão americano, deixando apenas ossos espalhados pelas planícies. Às vezes o morticínio era para alimento. Foi assim que Búfalo Bill começou. Com mais freqüência, o objetivo era a emoção da caçada (civilizados, hem!?) e, em alguns casos, para preparar iguarias muito especiais. "Língua de búfalo" tornou-se um prato muito apreciado nos restaurantes de New Orleans. Línguas de bisões eram embarcadas lá aos vagões. O resto do animal ficava onde fora abatido, decompondo-se.

Isso aconteceu há uns cem anos. Somos mais civilizados agora. Fazemos coisas civilizadas, como caçar lobos de helicópteros, esmagar cabeças de filhotes de focas para algumas grã-finas forrarem suas luvas ou dar ao filho pequeno uma foca empalhada com couro verdadeiro.

Talvez você se surpreenda em saber que não sou contra a caça ou a ingestão de carne. *Sou* contra caçar lobos de helicópteros e abater filhotes de focas, mas isso não vem ao caso. Estou sendo sarcástica para realçar o tema.

O 29º Caminho, e tudo o que ele representa, faz parte da Árvore e é tão santo, tão espiritual a seu modo, como qualquer outro caminho ou esfera. Negá-lo, aceitando somente os aspectos favoráveis da Árvore, é descabido e errôneo.

O aspecto selvagem da natureza ainda está em nós, e não apenas na África negra ou nas extensões inexploradas da Amazônia.

O que você faria se alguém machucasse o seu filho? O que você faria para proteger as pessoas que você ama? Sim, eu também. Sem nenhuma hesitação.

Qoph (‎ק), a letra hebraica deste caminho, significa "parte posterior da cabeça". Esta é a parte do cérebro que controla a face — os olhos, o nariz, os lábios, os dentes, etc. Um pouco acima, mais perto do topo da cabeça, localiza-se a área responsável pelo uso das mãos. Esses são os nossos contatos básicos com o mundo físico, envolvendo algumas das nossas funções essenciais e instintivas — piscar, engolir, cheirar. Quando você está *realmente* com fome, apraz-lhe a idéia de sentar-se com educação à mesa e cortar a carne cerimoniosamente com garfo e faca? Quando *eu* estou de fato faminta, sinto a premência de pegar um bife com as mãos e estraçalhá-lo com os dentes. E você, como age?

A "civilização" nega o 29º Caminho ou então o relega a uma posição de inferioridade. Nós, membros da espécie humana, o mais perigoso dos predadores, praticamente extinguimos outros predadores da natureza na nossa negação. Qual é a diferença entre um lobo que mata para alimentar-se e nós que atiramos num antílope apenas para ganhar um prêmio?

Uma coisa é certa: o lobo jamais mata por diversão. Ele jamais mata apenas para provar que é capaz de fazê-lo. Ele mata por alimento, e nunca além do necessário. Ele pode matar para se defender, mas mesmo a civilização pode aceitar isso (talvez), a não ser que ele esteja se defendendo de um agressor humano.

Tomo o lobo como exemplo porque ele aparece na carta que sintetiza este caminho. A carta A Lua contém a figura de um lobo, um símbolo da natureza, da sua selvageria e da sua nobreza.

A presença do lobo reconhece a atitude da humanidade com relação a este caminho, pois o lobo praticamente goza da pior e menos merecida reputação entre as criaturas do mundo natural.

Na frente do lobo, a carta mostra um cão, um animal civilizado, também representando a atitude da humanidade. Podemos aceitar o amor e a lealdade do cão (qualidades que os lobos também têm) e ignorar seu potencial selvagem. Conheço a história de um belo São Bernardo que foi sacrificado porque matou um frango. O casal dono desse cachorro estava esperando um filho e teve medo de que o cachorro poderia machucar a criança. Conheci cães de guarda ferozes que eram mansos com a criança da casa e que, realmente, chegavam a se manifestar contra orientações disciplinares que a criança poderia receber. A morte do São Bernardo me deixou muito irritada, e mostra que o casal envolvido era incapaz de aceitar os instintos naturais do cachorro. Os dois imaginaram que ele era ameaçador a tudo o que fosse pequeno só porque um frango desatento cruzou o seu caminho.

Os únicos seres que consideramos inferiores aos predadores são os que se alimentam de animais mortos. Esta é outra atitude tola, pois a função dos necrófagos é tão natural e necessária quanto a de um predador. Esses animais são representados nesta carta pela lagosta ou lagostim, desenhado saindo do mar. Segundo muitos, a vida começou no mar. Prefiro a lagosta, por-

30 ✛ O TARÔ DAS BRUXAS

que o lagostim é uma criatura de água doce. Existe um lagostim de água salgada, mas quando encontro um na nossa região, sempre penso em água doce. Talvez isso aconteça também com outras pessoas.

Como alternativa à lagosta, alguns baralhos adotam o escaravelho. Esse pequeno besouro preto é um dos símbolos mais sagrados do antigo Egito — ele representa a vida eterna.

O escaravelho é um besouro do esterco (*scarabeus sacer*). Ele deposita os ovos numa bola de excremento e a rola até uma pequena cova, onde os ovos são chocados.

Para os antigos, isso era um milagre, porque os pequenos besouros saíam do excremento, do refugo — do nada — a vida criando a si mesma.

Não é por esse milagre, porém, que gosto do escaravelho para a carta A Lua e para este caminho. Gosto do fato de que a vida se alimenta e nutre de excremento, dos detritos do corpo.

O excremento é outro elemento desagradável da vida, e no entanto tão necessário quanto qualquer outra função. É a função de Geburah chegando a Netzach; o corpo livrando-se do que é desnecessário e muitas vezes tóxico. Embora seja resíduo físico para nós, o excremento é fonte de nitrogênio para as plantas, pode fermentar o adubo e serve de ventre para o pequeno escaravelho. É por esse significado que incluo a lagosta e o escaravelho nesta carta.

Faz muito tempo que a humanidade considera a pérola uma preciosidade. Ela se parece a uma pequena lua, e a Lua às vezes se assemelha a uma enorme pérola num céu de veludo negro.

E como a pérola se forma? Ela é o resultado de um grão de areia áspero, irritante, que fere a ostra. Imagine um grão de areia sob a pálpebra e as lágrimas que ele provocaria.

Num sentido, a ostra chora, mas as suas lágrimas não são água. Elas são o material que recobre a areia, camada após camada, até que da sua *dor* ela cria algo de grande beleza.

Não gostamos de pensar na dor. Muitos de nós a evitamos, mesmo ao custo de muitas coisas boas. Existem os que evitam o amor e a proximidade porque ele *pode* causar sofrimento. Essas pessoas ainda não aprenderam que a dor faz parte da vida como tudo o que é agradável, e com freqüência ela é mais importante para o nosso crescimento espiritual do que o amor!

Faço uma pequena digressão — não estou falando necessariamente da dor física. *Não* estou sugerindo que causar intencionalmente dor a si mesmo ou a outras pessoas tem algo a ver com crescimento físico. Não estou recomendando flagelação ou cilícios e açoites (a não ser no sentido ritual, que em geral é simbólico). Estou falando da dor que resulta do fato de viver, amar e crescer. Você entendeu? Ótimo.

Poder-se-ia dizer que o nosso espírito é o oposto de uma pérola, pois está escondido debaixo de camadas e camadas de refugo. Precisamos remover esse refugo para chegar à jóia enterrada. Precisamos cortá-lo, arrancá-lo, e tudo isso *dói*! Mas quanto mais nos aproximamos da jóia, mais tomamos consciência dela, da luz que ela encerra, das alegrias que encontramos quando finalmente conseguimos libertá-la.

Arrancar parece uma forma estranha de crescer, mas freqüentemente é uma das mais importantes. Uma boa meditação é você se imaginar fora de uma pérola. Procure entrar nela, remover as camadas, à procura da luz interior.

Talvez o antigo mantra "Oum mani padme hum" expresse a diferença entre a cosmovisão dos que trilham caminhos de magia, ou interiores, e a dos que ainda não encontraram a direção.

Uma tradução livre desse mantra é "Salve, a jóia está no lótus". Vemos o lótus, seu adorável botão flutuando na água, a jóia está no seu âmago. Outros vêem somente as raízes abaixo da superfície, fixas na lama. Que tristeza — alguns nem sequer se perguntam sobre a direção seguida pelo caule.

A Atribuição Astrológica deste caminho é Peixes, e o símbolo de Peixes são duas luas crescentes viradas de costas uma para a outra, ligadas por uma linha reta. Elas simbolizam a Lua Crescente e a Lua Minguante, um ciclo que há muito tempo fascina a humanidade e que exerce grande influência no nosso mundo — as ondas e as marés.

Nossos corpos têm ciclos naturais, horários, diários, mensais, etc. — ciclos de fluxo e refluxo, de altos e baixos. O nosso mundo tem os seus ciclos: dia e noite, fases da Lua, fases do Sol, e ciclos ainda maiores, de que em geral não temos consciência.

A presença da Lua e a lembrança que ela traz dos ciclos mostra a presença de Chesed neste caminho — pois o equilíbrio entre Geburah e Chesed é o ciclo da vida em si: construindo e destruindo, anabolismo e catabolismo.

Este caminho tem muitos aspectos aquosos, com sua atribuição da Lua, controladora das ondas e do mar, e do signo de Peixes. Embora Netzach seja reflexo de Geburah, que por natureza é pura água, Netzach contém aspectos de Chesed, cujo nome significa Misericórdia e da qual procede o aspecto aquoso... ela cai como a chuva miúda. Esse aspecto de Misericórdia se revela também na carta "A Lua", pois a nossa visão da Lua como Mãe amorosa e misericordiosa é uma das mais belas.

Novamente, seria um erro aceitar somente essa Mãe amorosa e compassiva, porque Ela também tem seus aspectos "incivilizados".

A maioria das antigas estátuas ou representações da Grande Mãe é considerada grosseira e mesmo obscena por muitos atualmente. As estátuas eram grotescas, com seios, barriga e vulva exagerados.

Para algumas pessoas de hoje, essas imagens são horríveis, mas para os que as criaram elas eram belas, símbolos a serem respeitados. Se negamos a santidade do que elas representam, negamos as formas mais básicas e simples da nossa fé. Durante um dos seus períodos de meditação, tenha uma imagem ou um quadro com uma dessas representações e procure sentir fervor por Ela. Reverencie-A. Procure descobrir os sentimentos que os seres humanos primitivos podem ter alimentado com relação a Ela.

Nós, adeptos da Arte, procuramos estar sempre em sintonia com os ciclos da natureza — com as energias naturais, com o Deus e a Deusa, com a Vida. Para isso, precisamos aprender a aceitar todos os fatos da vida, inclusive os do 29º Caminho.

Quando descemos o 29º Caminho, trazemos para as nossas encarnações tudo o que está contido nele — trazemos a evolução física, que possibilitou à humanidade chegar ao seu estado atual, e trazemos os ciclos da vida — os agradáveis e os desagradáveis.

Os "selvagens" que mencionei anteriormente viviam numa harmonia mais profunda com a natureza, com o mundo, do que muitos de nós. Não estou sugerindo que voltemos a caçar para prover alimento, mas sugiro que cessemos de nos sentir tão superiores em virtude do nosso modo de vida. Se queremos entrar em sintonia com a Natureza, precisamos aceitar que ela não comporta apenas aspectos agradáveis. Trabalhar sobre este caminho através da meditação pode facilitar essa sintonia.

Outra forma de harmonizar-se é fazer um esforço consciente de reconhecer as vidas que lhe são dadas. Sem dúvida, o alimento é a mais evidente. Sempre que comer, tome consciência de que o alimento que você ingere tinha vida — mesmo as plantas, pois elas também eram vivas. Não há motivos para sentir-se culpado — mas tenha *consciência* e seja agradecido — e reverente.

Árvores morreram para que você tivesse abrigo. O seu sistema imunológico mata os germes para que você continue vivo. Vivemos porque outras vidas terminaram. Reverencie essas vidas, compreenda que essas mortes fazem parte da vida — do mesmo modo que a sua morte o fará.

Se conseguimos aceitar tudo isso e reverenciar as vidas que são dadas pela nossa, além de respeitar a nossa própria, teremos feito um grande progresso neste caminho.

O 30º CAMINHO

HOD — YESOD

O FUNDAMENTO DA GLÓRIA
A GLÓRIA DO FUNDAMENTO

LETRA: Resh, cabeça
CARTA: O Sol
ATRIBUIÇÃO ASTROLÓGICA: O Sol
CORES CINTILANTES: Laranja
                                 Amarelo-dourado
                                 Âmbar intenso
                                 Âmbar raiado de vermelho
FIGURA MITOLÓGICA: Arquimedes?
PLANTA: Girassol, heliotrópio
PERFUME: Olíbano, cinamomo
JÓIA: Crisólito

> "O Trigésimo Caminho é a Inteligência Coletiva, e dele os astrólogos deduzem o julgamento das estrelas e os signos celestes, aperfeiçoando a sua ciência de acordo com os movimentos das estrelas."

Entre Hod, a Esfera da Mente, e Yesod, a Esfera da Intuição, está o 30º Caminho, conhecido como Inteligência Coletiva. Entre outras coisas, ele é o caminho da descoberta científica — pois o que é a ciência senão a coleta de fatos (uma função específica de Hod) e a inferência de conclusões a partir desses fatos? Os vislumbres que em geral levam os cientistas a descobertas importantes são definitivamente uma função deste caminho.

As informações coletadas (Hod) são associadas e organizadas pela mente inconsciente (Yesod), e descem céleres pelo 32º Caminho para fazer o cientista saltar da banheira clamando "Heureka".

Neste sentido, ele é um caminho de iluminação — mais científica do que espiritual, embora as duas não se excluam mutuamente. (Apesar de ser

função de todos os caminhos, a iluminação espiritual é mais específica do 25º, analisado mais adiante.) A letra hebraica Resh significa "cabeça", e este é um caminho da mente mais do que do instinto ou do espírito.

O conhecimento científico pode ser espiritualmente iluminador ou espiritualmente escurecedor. Infelizmente, percebe-se há algum tempo uma divisão entre a ciência e a esfera do Espírito. A ciência parece não reconhecer o Espírito e a sua existência, porque, segundo ela, essa existência não pode ser provada de modo satisfatório. Isso é um exagero, naturalmente, mas não uma inverdade absoluta. Os cientistas dizem a mesma coisa com relação aos poderes psíquicos, mas persistem em tentar provar que eles existem. Sabemos desde sempre que a aura existe, e a ciência finalmente está aceitando esse fato. Ela a chama de "campo eletromagnético", ou de outros nomes tipicamente ortodoxos e oficiais.

Muitas descobertas científicas simplesmente confirmam o que os pagãos sempre souberam. A constituição de um átomo e de um sistema solar é basicamente a mesma: um núcleo com corpos orbitando em torno dele. Como em cima, assim embaixo. Nenhuma descoberta científica chegou a provar a falsidade de nenhuma sequer das minhas crenças.

Do mesmo modo que nós, como indivíduos, passamos por várias etapas de desenvolvimento, assim a humanidade percorre a Árvore, sobe e desce os seus caminhos, desequilibra-se cabalisticamente, e chega ao equilíbrio. A Idade da Razão, que surgiu com a descoberta do "método científico", pode ter trazido grandes benefícios ao mundo, mas foi longe demais. A Luz do Sol, a Atribuição Astrológica deste caminho, pode queimar, esfolar e destruir se for constante. Graças à Deusa, o pêndulo iniciou o seu movimento de volta e a inspiração criativa começou a fluir; esperamos que isso traga equilíbrio ao mundo.

Este caminho recebe uma dupla atribuição do Sol, pois a carta a ele atribuída é o Trunfo 19. Ela mostra o Sol brilhando sobre duas crianças, uma com os pés na água, a outra com os pés na terra. Atrás delas ergue-se um muro construído com 12 pedras, símbolo do zodíaco, formado de estrelas e de sóis (pois são a mesma coisa) e representando as várias influências que ocorrem quando o Sol se movimenta de um signo para o outro.

As crianças são gêmeas, lembrando Gêmeos. Gêmeos é atribuído ao 15º Caminho, paralelo a este, mas situado entre as esferas superiores.

As crianças também representam a divisão dos sexos, que acontece neste caminho, e o fato de que temos os dois. Elas simbolizam ainda a Personalidade e a Individualidade.

Os elementos são representados aqui pela posição das crianças na Água e na Terra; Fogo e Ar são representados pelo Sol e seus raios.

O Sol pode, inclusive, ser uma atribuição tríplice, pois as cores dos quatro mundos são cores "solares". Crisólito, sua jóia, tem a cor do Sol.

Seus incensos são os considerados solares, inclusive o cinamomo. O animal é o leão, régio e ígneo.

Suas plantas são o girassol e o heliotrópio. Ambas voltam suas flores para o Sol. "Heliotrópio" significa "atraído pelo Sol", e o girassol se assemelha a um Sol em miniatura com suas pétalas douradas envolvendo o seu centro.

O girassol é um bom tema para meditação. Sua tendência a voltar a face para o Sol está longe de ser uma atitude mística ou mesmo mágica. As células do seu caule só crescem e se reproduzem na sombra. Por isso, as partes do caule protegidas da luz pela florescência crescem, tornando esse lado do caule um pouco mais longo, fazendo a face da flor pender para o Sol. Simbolicamente, essa explicação parece implicar que o conhecimento só acontece a partir da luz do Sol, mas sabemos que isso não é verdade. Então, o que significa? Devo dizer-lhe, ou você gostaria de refletir um pouco sobre isso? Vá em frente. Eu espero.

Agora dou-lhe a minha resposta, para que você possa compará-la com a sua.

As células de que falamos recebem a luz do Sol durante parte do dia — elas precisam recebê-la para viver. Mas só essa luz não promove o crescimento; apenas o estimula. A sombra, ou o outro lado da criação, representa a energia criadora; e ela precisa ter o seu tempo de descanso, o seu tempo de introspecção fora da luz do Sol, para completar o seu crescimento.

Qual foi a sua idéia? Se foi diferente da minha, assim mesmo ela está correta.

Repito: meditar sobre a carta — como um todo ou concentrando-se em seus vários símbolos — ajudá-lo-á a aprender sobre este caminho. Você aprenderá a transformar as intuições recebidas em Yesod em conhecimento, pois este caminho leva para a Esfera da lógica e do intelecto e dela parte.

O próprio Sol pode ensinar-lhe. Saia ao ar livre e contemple a sua luz. Observe como luz e sombra formam padrões. Sinta essa luz na sua pele. Os raios solares curam como o conhecimento cura a doença da ignorância. Como este caminho provém de Hod, a Esfera dos Professores, ele pode dar-lhe esse conhecimento.

O 28º CAMINHO

NETZACH — YESOD

A VITÓRIA DO FUNDAMENTO
O FUNDAMENTO DA VITORIA

LETRA: Tzaddi, anzol
CARTA: As Estrelas
ATRIBUIÇÃO ASTROLÓGICA: Aquário
CORES CINTILANTES: Violeta
                                Azul-celeste
                                Malva-azulado
                                Branco com matizes de púrpura
FIGURA MITOLÓGICA: a Musa
PLANTA: Oliveira
PERFUME: Sodalita, safira estrelada, rubi estrelado
JÓIA: Gálbano

"O 28º Caminho é denominado Inteligência Natural; por ele, completa-se e aperfeiçoa-se a natureza de tudo o que existe debaixo do Sol."

Aleister Crowley ouviu numa visão: "Tzaddi não é A Estrela." Muitos autores respeitados que escreveram sobre o Tarô e a Cabala aceitaram essa afirmação. Se você concorda com ele, e se chegou a essa decisão depois de muita reflexão, concentração, análise e meditação, mantenha-se fiel a essa atribuição.

Dediquei muitos momentos de reflexão, concentração, estudo, meditação e análise a essa letra, e concluí que para mim (e portanto para este livro) Tzaddi *é* a Estrela, e que O Imperador, a escolha de Crowley, não cabe aqui.

Posicionar a Estrela no 28º Caminho, Tzaddi, é colocá-la em oposição direta à carta O Sol. O Sol é uma estrela, e todas as estrelas são sóis. O Sol significa a luz do dia, do conhecimento, e a Estrela, a escuridão da noite, da

inspiração. O 28º Caminho leva a Netzach, a Esfera da Energia Criativa, cuja Atribuição Planetária é Vênus, que se nos manifesta como uma estrela e que inspirou a musa de muitos poetas, artistas e compositores.

Em seu *Qabalistic Tarot*, Robert Wang apresenta uma idéia que harmoniza a visão de Crowley com os meus conceitos. Ele alega que o nome correto da carta é "As Estrelas" e que Tzaddi não é A Estrela, mas muitas estrelas.

O Sol é uma estrela única — aquela de que temos mais consciência. Ela é importante para nós — necessária para nós.

Os bilhões de outras estrelas podem ser tão necessários como o Sol para outras formas de vida em outros mundos, e essa idéia estimulou a imaginação de poetas e escritores desde que os homens se deram conta desse fato.

A luz da nossa estrela é mais direta e concentrada, e seus efeitos espirituais são simbolizados pela carta O Sol no 30º Caminho. A luz das estrelas leva anos-luz para chegar até nós, e a luz de sóis muito maiores do que o nosso nos é praticamente imperceptível.

O 28º Caminho representa inspiração e aspiração — e aspiração é o anseio de alcançar as estrelas. É exatamente isso que você deve fazer quando precisa de inspiração — chegar às estrelas e meditar sobre esta carta. Imagine que você é o recipiente em que a água está sendo derramada. Que diferenças você percebe nos dois fluxos? Que mudanças você observa quando os dois fluxos se misturam?

Sem dúvida, o céu noturno é um excelente tema para meditação. Simplesmente saia de casa à noite e olhe para o céu. Se possível, escolha um lugar longe das luzes e da poluição da cidade. Escolha uma estrela e procure alcançá-la fisicamente. Estenda os braços, estique o corpo na direção dela. Imagine que você vai se espichando cada vez mais, o seu corpo tornando-se mais e mais delgado. Estique-se e procure alcançar a estrela.

Não se preocupe se não conseguir alcançá-la. Não é importante alcançá-la, desde que tente realmente. Se você não compreende o que eu estou dizendo, procure uma gravação de "*The Impossible Dream*" (existem centenas) e ouça, realmente ouça as palavras.

A safira estrelada e o rubi estrelado refletem ambos a mistura de Chesed e Geburah, acrescentando também o símbolo da estrela. Uma jóia com uma estrela com tons de púrpura seria ainda melhor. A sodalita é um azul-escuro com manchas brancas, como estrelas no céu noturno.

A oliveira simboliza paz e compreensão, como a Era de Aquário em que estamos entrando.

Este caminho é chamado de Inteligência Natural, e representa, como eu disse, inspiração criativa, pois procede da Esfera da Energia Criadora. Netzach é a Senhora da Natureza, do amor em todas as formas, como Hod é o Senhor dos Livros e do aprendizado pelo estudo. De Netzach recebemos palpites, que são instintivos, não obtidos por reflexão; eles são simplesmente sentidos.

Este aspecto pode ser negativo caso não seja equilibrado pela lógica de Hod, que procede do 30º Caminho; mas é uma grande fonte de conforto para alguém que sofre de bloqueio do escritor.

A Estrela mostra uma mulher nua derramando água de duas jarras num curso de água. As jarras são vermelha e azul, simbolizando que Netzach, como Hod, contém influências tanto de Chesed quanto de Geburah. (Você perceberá que as cores dos Quatro Mundos são variações de púrpura — uma combinação de vermelho e azul.) A mulher derrama essas influências no reservatório da mente inconsciente e na base que é Yesod.

Sobre ela está uma estrela de sete pontas, representando Netzach, a sétima esfera. A Estrela é também Vênus, como mencionei anteriormente.

Como o véu sobre a figura do Universo representa o corpo, assim a nudez da mulher significa a falta de corpo, pois neste caminho estamos além do mundo físico.

A Atribuição Astrológica deste caminho é Aquário, o Portador de Água. Aquário é também o símbolo da humanidade. Embora os sexos só se dividam em Hod, a raça humana chega à existência neste caminho.

Numa observação mais superficial, freqüentemente acusa-se um nativo de Aquário de ser capaz de amar a humanidade inteira, mas não uma única pessoa. Novamente temos a diferença entre a carta O Sol e a carta As Estrelas.

O 27º CAMINHO

HOD — NETZACH

A GLÓRIA DA VITÓRIA
A VITÓRIA DA GLÓRIA

LETRA: Peh, boca
CARTA: Temperança
ATRIBUIÇÃO ASTROLÓGICA: Marte
CORES CINTILANTES: Escarlate
Vermelho
Vermelho veneziano
Vermelho brilhante, raiado de azul e esmeralda
FIGURA MITOLÓGICA: Os Deuses Ferreiros
METAL: Ferro
JÓIA: Qualquer pedra vermelha
PLANTAS: Pimenta-malagueta

"O Vigésimo Sétimo Caminho é a Inteligência Ativa ou Estimulante, e é assim chamado porque através dele todo ser existente recebe o seu espírito e movimento."

Este é um dos caminhos mais interessantes da Árvore, no sentido da antiga maldição: "Possas viver em tempos interessantes."

Ele é chamado de Inteligência "Ativa" ou "Estimulante". "Ativadora" seria um termo mais preciso do que Ativa, e ele é excitante — como um enxame de abelhas assassinas. Preste atenção à planta atribuída a este caminho — pimenta-malagueta. Ardente o bastante para você? E, no entanto, essa pimenta tem a fama de ser curativa — uma substância restauradora. Ela só arde para a língua.

Este caminho vai de Netzach a Hod e vice-versa. É um dos caminhos recíprocos — os que unem duas esferas horizontalmente. Este é o caminho entre Fogo e Água, entre a Senhora da Natureza e o Senhor dos Livros, en-

tre emoção e mente, instinto e lógica, magia natural e magia cerimonial. Como tanto a Arte como a Cabala enfatizam muito o equilíbrio, não se pode exagerar a importância, nem as dificuldades, deste caminho.

No programa de treinamento da minha tradição, percorremos as esferas através do estudo, da meditação e da iniciação — uma esfera de cada vez. Embora (na ocasião) só estudemos os caminhos por meio de breves meditações, dificilmente podemos fugir deles na vivência diária, porque eles constituem parte essencial da Árvore.

Primeiro consolidamos o aluno em Malkuth e na sua compreensão de Malkuth. Em seguida, passamos a Yesod, a Esfera do Pensamento, das imagens, etc., e ali trabalhamos com essas energias. Apesar de ambas as etapas apresentarem seus próprios problemas, nesse ponto ainda estamos no Pilar Central, e os problemas que surgem não incluem desequilíbrios cabalísticos.

Nossa etapa seguinte é Hod, e o equilíbrio deixa de ser levado em consideração. Mas, garanto-lhe, essa é uma atitude tola. Entretanto, uma vez estabilizado em Hod, o aluno se torna tolo. Essa é a etapa conhecida como do "Asno Pomposo", e o aluno pode ser quase insuportável. Ele se envolve completamente com a forma — com livros, com ritual (com sua forma, não sua energia) e com o que se possa imaginar.

No devido tempo, os alunos são projetados para fora dessa situação a partir de duas direções. Primeiro, nós os direcionamos a Netzach, a Esfera da Emoção, do Amor, do Fogo. O Fogo exerce um efeito vigoroso sobre a Água — efeito que é chamado de vapor.

A carta atribuída a este caminho é Temperança. A raiz "temper" tem dois sentidos (bem, três, mas o terceiro é irrelevante aqui). Ela significa atenuar ou moderar e também fortalecer por purificação. O ferro, a base do aço, deve ser temperado para adquirir força. Nos últimos 300 anos ou pouco mais, o caldeirão de ferro se tornou um dos instrumentos fundamentais da Arte e é um dos símbolos mais fortes na nossa mitologia.

É claro, o ferro é usado para muitas outras coisas além de caldeirões. Um ferreiro pode transformá-lo nos mais diversos instrumentos. A experiência deste caminho é, nesse sentido, um temperar. O Iniciado é incandescido, malhado na bigorna dos deuses e novamente esbraseado. De tempos em tempos, ele é introduzido e esfriado na água. Se tudo corre bem, ele emerge dessas experiências forte e brilhante com muitas impurezas eliminadas.

Passando de Hod a Netzach, aplicamos o primeiro sentido a este caminho. O sufocado Hod, de idéias fixas e preso à forma, é estimulado e energizado pela emoção e pela energia de Netzach. A lógica e o intelecto de Hod dão forma, direção e contorno à emoção e ao sentimento de Netzach. Rituais que eram perfeitos na forma, mas sem vida, de repente recebem a energia que não tinham. Energias intensas, mas dispersas aqui e ali sem forma, de súbito são controladas e trabalham melhor para esse controle.

Quando a energia retorna a Hod, vemos evidências do aspecto Geburah de Netzach. Apesar da sua cor, uma mistura de Tifareth e Chesed, Netzach ainda é um reflexo da energia de Geburah. O fogo quebra a forma de Hod, solta as restrições desnecessárias, deixando somente o que é necessário e puro.

A carta, Temperança — uma forma mais antiga da carta — mostra o modo de operar deste caminho.

Uma mulher, no centro da carta, segura uma tocha ardente na mão direita e um vaso azul na esquerda. À sua direita está uma águia; à sua esquerda, um leão.

Diante dela, sobre o fogo, vemos um caldeirão, do qual eleva-se um vapor. A testa da mulher ostenta um pentagrama.

O leão e a águia representam as Esferas de Fogo e Água, Netzach e Hod. A tocha simboliza o Fogo energizando a Água; o vaso, a Água acalmando e estabilizando o Fogo.

O caldeirão e o fogo são novamente Água e Fogo agindo juntos construtivamente, e o vapor que se eleva é um lembrete de que este caminho cruza o Pilar de Ar.

Esta carta é cheia de simbolismo e em si mesma é um ótimo objeto de meditação. Torne-se a figura representada na carta. Tome consciência do fluxo de energia entre as esferas. Como se manifesta a energia que procede de Hod? Ela muda à medida que se aproxima de Netzach? Que efeito ela tem sobre a esfera? Sinta a energia que vai de Netzach a Hod, e as mudanças e efeitos, caso existam.

A Atribuição Astrológica deste caminho é Marte, aqui mostrando atividade e energia. O círculo, como um círculo mágico, significa controle, e a seta significa energia. Pode-se atribuir a este caminho qualquer pedra vermelha; acredito que o jaspe-sangüíneo também seria apropriado.

O 27º Caminho representa um momento *crucial* no processo de crescimento de todos nós, e a palavra é, num sentido, um trocadilho. O 27º e o 25º Caminhos formam uma *cruz* sobre a Árvore, e esses caminhos são sempre difíceis para indivíduos e para grupos.

Todas as cores deste caminho são tons de vermelho (com exceção do acréscimo de verde ao Mundo de Assiah, o Mundo da Manifestação). Isso pareceria indicar que a atribuição de Marte representa algo mais do que simplesmente a sua forma! Marte é pura atividade — e ativação. A energia de Geburah é muito óbvia neste caminho e nas experiências que nele se encontram. Observei que essas experiências são quase tão traumáticas quanto as dos Caminhos 26º, 24º e 25º.

Inicialmente, você se movimenta de Hod a Netzach. A possível permanência de qualquer resquício de Vício de Hod — falsidade, exposição às energias de Netzach e a investida do vício de Netzach — Cobiça do Poder — pode levá-lo a fazer coisas de que você se arrependerá profundamente. Mesmo essas coisas podem ser lições, se você as entender como tais. Você pode crescer a partir delas, mas o processo será doloroso, e será necessária muita força — determinação para crescer, que muitas pessoas não têm. É bem melhor aprender sem causar tanto sofrimento a você mesmo e aos outros.

Se você for um professor ou um coordenador de grupo, é nesse período do treinamento que o aluno mais provavelmente causará problemas. Se você e ele estiverem preparados, é possível prevenir isso. Se não, é quase certo que você terá de enfrentar momentos de muita revolta. O aluno pode achar que está perfeitamente correto, o que não é verdade. Esteja preparado.

AS NOITES ESCURAS DA ALMA

Até aqui os caminhos representaram vários estágios e modos de crescimento — experiências que às vezes são iluminadoras, às vezes assustadoras, mas nunca banais. Neste ponto da nossa subida em direção ao topo da Árvore, chegamos às Noites Escuras da Alma.

Eu geralmente falo dos caminhos e das experiências que eles representam do ponto de vista do trabalho de magia e do crescimento, mas essas experiências se aplicam a todos indistintamente, em todos os níveis possíveis.

Todos percorremos os caminhos descendentes da Árvore, porque estamos aqui! O trabalho de subida é que é importante para o desenvolvimento espiritual. (Não estou falando de meditação — os caminhos precisam ser "trabalhados" em ambas as direções.) É por esse desenvolvimento que nos esforçamos: elevar-nos na Árvore.

Quase todos começamos a vida não sabendo nada, conscientemente, sobre o mundo além. Não, não me expresso bem. Muitas crianças de tenra idade têm consciência disso, mas esse conhecimento parece dissipar-se da mente consciente em pouco tempo, e assim, para todos os fins e propósitos, elas não o têm. Muitos passam por esta encarnação sem nunca tomar consciência do Outro Mundo. No entanto, é possível que estejam realizando um trabalho espiritual sem sabê-lo.

Alguns de nós tomamos consciência desse outro mundo, e nos consideramos afortunados por isso. Esse é o primeiro passo na direção de um caminho de magia. Em alguns casos, esse é o único passo dado, mas ele é muito importante.

Esse primeiro passo é diferente para cada um. Talvez comecemos a aceitar a realidade dos fenômenos psíquicos, ou a existência de mais de uma encarnação. Esse é um começo — o primeiro passo no seu processo, pois, uma vez dado esse passo, os outros serão não só possíveis, mas necessários — inevitáveis.

Esses outros passos não são necessariamente dados na mesma encarnação. O reconhecimento do Outro Mundo, conhecido cabalisticamente como a Visão do Santo Anjo da Guarda, é também um passo para Yesod, a Esfera da Ilusão. Se a pessoa não desenvolveu a Virtude da Discriminação, ela pode ficar ofuscada pela ilusão e interromper a caminhada.

Algumas pessoas se tornam "obsessivas", vendo fenômenos psíquicos em cada sombra, agouros em cada acontecimento — e a maioria dessas experiências é negativa. O pouco conhecimento que têm só lhes traz medo. Elas entram em contato com as bobagens e inverdades ditas por outros autores e parecem ficar contentes com isso! Conheci uma mulher anos atrás que me disse orgulhosamente que não poderia estudar magia porque estava a 13 graus de Peixes, o que significava que *teria* de praticar magia negra! Ora, por favor!

Outras, porém, compreendem que essas tolices e disparates são tão ilusórios quanto qualquer outra coisa, e que existem muitas outras coisas (muitas mesmo) relacionadas com o mundo além.

Elas descobrem que têm um objetivo, que há uma jornada a ser realizada — e começam a se pôr em movimento. Elas iniciam a jornada que todos fazemos, no nosso momento, do nosso jeito.

Talvez elas tomem conhecimento de suas vidas anteriores. Pelo menos, elas trabalham sobre alguns problemas dessas vidas. Elas entram em sintonia com seu corpo, com suas histórias fisiológicas, para conhecer a si mesmas e as forças primordiais que nos criaram.

Elas começam a ver através das ilusões; na verdade aprendem a controlá-las e a usá-las para os próprios objetivos. Elas passam a conhecer sua mente, suas forças e fraquezas.

Elas experimentam o temperar do 27º Caminho e, se tudo se processa adequadamente, são purificadas pelo Fogo de Netzach.

Eu não estou falando aqui, necessariamente, dos membros da minha tradição, ou mesmo dos que estão trilhando caminhos de magia atualmente. Estou falando de todos os que vivem, de todos os que viveram. Todos percorremos esse caminho, experimentamos essas coisas, crescemos nessas direções. Isso pode tomar uma vida ou muitas. Damos um passo à frente, recuamos, outro passo à frente, subimos, tropeçamos, retrocedemos novamente.

Finalmente, todos chegamos a Netzach. Na minha tradição, a partir do momento em que o estudante está bem firme nessa esfera, ele recebe o

Primeiro Grau. Esse grau é uma celebração do trabalho concluído e também o começo de uma nova função.

Dependendo do coven, os novos Sacerdotes e Sacerdotisas passam a ter várias obrigações. No meu grupo, entre essas incluem-se a de preparar e realizar rituais e a de ajudar alunos mais novos. Eles agora são bruxas ativas — ainda aprendendo, mas de formas diferentes. Alguns deles, interessados em um ou mais assuntos que começaram, aprofundarão esses assuntos.

Eles servem como Sacerdotes e Sacerdotisas aos irmãos e irmãs de coven. Servem à Senhora e ao Senhor. Para muitos, este é o ponto máximo que alcançarão nesta vida.

Eles estudaram e aprofundaram quatro elementos e quatro esferas, realizaram mais do que a maioria das pessoas realiza, alcançaram um equilíbrio significativo.

O Sumo Sacerdote de outra tradição criticou certa vez o nosso porque ele achava que os três a seis meses dedicados a cada elemento não eram suficientes. Certamente isso é verdade, mas o tempo empregado em cada grau é apenas um período em que se trabalha com o elemento. No Primeiro Grau, o estudante não conclui o estudo dos elementos — apesar de ter trabalhado com afinco em cada um, ele voltará a trabalhar com todos eles.

Para alguns, o momento chegará quando compreenderem que seu compromisso com o Senhor e com a Senhora é ainda maior. Eles desejarão assumir esse compromisso maior recebendo o Segundo Grau e percorrendo os três caminhos em direção a Tifareth. Uma iniciação de Segundo Grau é uma iniciação a Tifareth, e com ela se processam as experiências específicas dos Caminhos 24º, 25º e 26º — as Noites Escuras da Alma.

O Segundo Grau é uma dedicação muito além daquela do Primeiro. Os adeptos de Segundo Grau (e do Terceiro) devem ter uma dedicação total ao Deus e à Deusa. Ele é a entrega da própria vida ao Senhor e à Senhora, pondo-os acima de tudo e, se alguém se torna líder de um grupo, pondo o próprio grupo e alunos acima de tudo.

Dado o *status* que isso implica e, sim, o poder dado ao Sumo Sacerdote/Grã-Sacerdotisa, muitos estarão ansiosos por essa iniciação, e talvez se considerem até verdadeiramente dedicados. Depois da iniciação de Segundo Grau, porém, o Senhor e a Senhora testam essa dedicação, e esses testes são bastante difíceis para os que são verdadeiramente sinceros. Você consegue imaginar como seriam se a dedicação não fosse total?

Volto a afirmar que esses caminhos, como todos os caminhos, são percorridos por todos nós no nosso desenvolvimento espiritual — em cada vida, em todas as vidas, dependendo do nosso ritmo de progresso. Os que trilhamos caminhos de magia estamos seguindo a forma mais difícil e rápida de esforço intencional. Por isso, as experiências são mais árduas e marcam mais.

Essas experiências são de três tipos, uma para cada caminho que conduz a Tifareth. Dependendo da pessoa, a jornada pode produzir três tipos de devastação. Uso o termo deliberadamente. A devastação é apenas temporária, mas os resultados da experiência são permanentes.

Ao postulante sincero, esses caminhos serão batalhas, e a única coisa que pode levá-lo adiante é a fé e a determinação. Freqüentemente, essas experiências só são reconhecidas muito depois de acontecerem. Hoje eu reconheço e me lembro dos meus sentimentos quando percorri o 25º Caminho. Os outros dois não foram tão ruins para mim. A experiência é diferente para cada um.

Repito, todos esses caminhos serão percorridos por todos nós num momento ou em outro. É mais fácil para mim falar dessa jornada num nível iniciatório. Você os percorrerá. Talvez você já os tenha percorrido, e agora reconhece as experiências pelo que elas foram.

Se ainda não os percorreu, talvez o que está escrito aqui possa ajudá-lo a preparar-se, embora suas experiências possam diferir das minhas. O tipo de experiência pode continuar o mesmo. Se você reconhece algo pelo que está passando agora, fique atento! Prossiga, passo a passo — procure aprender, e saiba que eles lhe darão o que você precisa para ir além.

O 25º CAMINHO

TIFARETH — YESOD

A BELEZA DO FUNDAMENTO
O FUNDAMENTO DA BELEZA

LETRA: Samech, suporte
CARTA: A Torre
ATRIBUIÇÃO ASTROLÓGICA: Sagitário
CORES CINTILANTES: Azul
                            Amarelo
                            Verde
                            Azul-escuro intenso
FIGURA MITOLÓGICA: Zeus
JÓIA: Obsidiana, jacinto

> "O Vigésimo Quinto Caminho é a Inteligência da Provação ou da Tentação, e recebe esse nome porque é a primeira tentação com que o Criador tenta todas as pessoas virtuosas."

Este caminho está no Pilar Central, numa linha direta que liga Kether a Malkuth, passando por Tifareth e Yesod. Este é conhecido como o Caminho da Seta, e também o Caminho para o Misticismo. É o Caminho da Revelação. A antiga expressão "um raio do azul" é adequada aqui por outros motivos além das cores. (Você perceberá que todos os caminhos do Pilar Central são variações de azul no Mundo de Atziluth.)

A Atribuição do Tarô, A Torre, mostra uma torre sendo atingida por um raio. Alguns baralhos, inclusive o meu, mostram o topo da Torre fendido e inclinado para fora, com o raio atingindo a parte interna. Podemos comparar a experiência deste caminho a ter o topo da cabeça erguido e um raio atingir o cérebro e todo o corpo até os pés. *Pelo menos*, os seus seios nasais ficarão limpos. Este não é um raio ordinário — é um raio lançado por Zeus, e pode ser mais devastador que qualquer raio físico. Procure imaginar-se como a Torre, sinta esse raio. Esta meditação pode dar-lhe uma idéia, apenas uma idéia da experiência, mas mesmo essa simples idéia pode ensinar-lhe alguma coisa.

Ela o fará estremecer até as profundezas do seu ser. Ela abalará a sua fé, a sua coragem e a sua confiança em si mesmo. Poderá, inclusive, abalar a sua fé na Arte. A sensação é de vazio total. Você provavelmente já ouviu alguém se referir à religião como muleta — implicando que somente pessoas fracas precisam de crenças religiosas. Mas uma pessoa com uma perna quebrada, por mais forte que possa ser, *precisa* de uma muleta por algum tempo. Qualquer coisa, ou qualquer pessoa, pode precisar de um suporte temporariamente. É só quando *substituem* a cura que as muletas se tornam prejudiciais ou nocivas. (Pessoalmente, não considero a religião uma muleta, mas um caminho que oferece uma direção.)

No entanto, se você está usando algum ponto de apoio — especialmente o de iludir a si mesmo — é muito provável que, neste caminho, ele lhe será removido na própria base.

No fulgor do raio, a despeito do crescimento havido, você perceberá a pequenez das suas idéias. É uma luz ardente que queima no fundo do seu coração e lhe mostra as imperfeições ali instaladas. Ela revela o quanto você precisa aprender, e por comparação o tão pouco que aprendeu. Ela perfura os seus pés e cava um buraco na terra onde você quer se esconder. Além de suas propriedades curativas, a pedra, o jacinto, é conhecida como "a pedra da humildade". Você certamente conhecerá as razões por que precisa ser humilde.

Ela também deixa a luz e o ar entrar e transforma os seus segredos mais profundos e negros — o seu "lixo" — em adubo orgânico. Sim, uso o adubo como analogia novamente, pois é um exemplo excelente. Um monte de adubo sem ar (e este é o Pilar do Ar) simplesmente apodrecerá e produzirá um cheiro insuportável. Sem água, não dará nenhum resultado. Sem uma fonte de nitrogênio (Fogo), também pouca coisa acontecerá. Este é um exemplo perfeito dos quatro elementos trabalhando juntos para criar. A Terra é o carbono (Malkuth); a Água é a mistura (Hod); Netzach é o nitrogênio que cria o calor (Fogo) e Yesod é o Ar.

Quando um monte de adubo pára de fermentar, pega-se um forcado e revira-se o material para que o ar entre novamente. Esse procedimento reativa a fermentação. E é isso que pode acontecer neste caminho.

A Atribuição Astrológica é Sagitário, uma flecha, o Arqueiro. Sua forma é vista na carta na configuração de um raio. O Arqueiro é um centauro, e a mitologia nos diz que os centauros muitas vezes eram professores.

A obsidiana também é um professor, e dos mais exigentes. Ela tem todas as qualidades do quartzo enfumaçado, e ainda mais.

Pessoas que ousaram interessar-se por magia negra acreditam que, se uma bola de cristal transparente pode ser usada em magia branca, uma de obsidiana poderia ser usada em magia negra.

Nem pense nisso. A obsidiana não eliminará a energia negativa. Ela reflete tudo o que lhe é enviado multiplicado. Você terá de retorno muitas vezes mais, tudo o que nela projetar.

A obsidiana lhe dirá a verdade — *toda* a verdade — quer você queira conhecê-la ou não. Se não quiser conhecê-la, não pergunte.

O trabalho com essa pedra deve ser escolha sua. Prepare-se para aceitar as verdades que ela lhe transmitir. Professores, prestem atenção! Não insistam com os seus alunos para que trabalhem com a obsidiana contra a vontade. O karma será de vocês.

A obsidiana pode ser perigosa. Mas eu sei que muitas pessoas sérias da Arte não só trabalham com ela com bons resultados mas também são atraídas por ela. Isso faz sentido. Dedicamos muito tempo e esforço conhecendo a nós mesmos, procurando a verdade, tentando descobrir o que precisa ser mudado para que haja crescimento. Se você pode aceitar a verdade, não há o que temer.

Este caminho é chamado de Inteligência da Provação, para nos lembrar que ele é parte do teste do Segundo Grau. Embora um adepto deste Grau tenha o título de "Sumo Sacerdote/Grã-Sacerdotisa" e seja qualificado para começar um grupo, até que o teste seja concluído e o Terceiro Grau seja reconhecido, ele está "em provação" diante dos deuses.

Às vezes é proveitoso que os que estão sendo testados saibam o que vai acontecer. Os dirigentes do coven não podem prever como o teste será, mas podem prevenir o estudante de que será algo bastante intenso. Parece que a consciência de que se está sendo testado alivia um pouco o peso. (Amor e apoio moral também ajudam.)

Há muita coisa a ser aprendida nesta experiência. As imagens de Yesod são reveladas exatamente como tais — imagens; mas você logo conhecerá o que é real — e quando as imagens se dissiparem, o que permanece é a realidade.

Quando a sua fé em tudo o que você considera precioso é abalada, quando você pode perder ou perdeu tudo o que tem, você encontrará o que ficou oculto, e isso é maravilhoso!

A sua verdadeira força, a sua beleza como filho da Deusa, *como* a Deusa, lhe será revelada. Sim, você verá o quanto não aprendeu, mas o adubo criado pela entrada de luz e ar fertiliza, e será usado para ajudá-lo a se desenvolver. Se você nunca visse as verdades desagradáveis sobre você mesmo, você continuaria inconsciente das suas forças e do que tem para oferecer ao mundo. Talvez você nunca tivesse uma verdadeira compreensão do Deus e da Deusa interiores. Veja: a qualidade da humildade não é "Eu sou menos do que você", mas sim, "Eu não sou mais *nem* menos do que você". A diferença é enorme.

Este caminho de desprendimento é assustador porque suas raízes foram abaladas e você ainda não sabe o que está por vir. Creia em mim: há muitas coisas à frente, e todas são gloriosas!

O 24º CAMINHO

TIFARETH — NETZACH

A BELEZA DA VITÓRIA
A VITÓRIA DA BELEZA

LETRA: Nun, peixe
CARTA: A Morte
ATRIBUIÇÃO ASTROLÓGICA: Escorpião
CORES CINTILANTES: Azul-esverdeado
                        Marrom-fosco
                        Marrom-escuro
                        Marrom-índigo pálido
FIGURA MITOLÓGICA: Ishtar
ANIMAL: Escaravelho
JÓIA: Escaravelho
PLANTA: Todas as plantas venenosas

"O Vigésimo Quarto Caminho é a Inteligência Imaginativa, e é assim chamado porque dá semelhança a todas as similitudes que são criadas de modo similar com suas elegâncias harmoniosas."

Este caminho faz a ligação entre a Esfera da Emoção, da Vitória, da Força, e a Esfera da Iluminação, Beleza, Harmonia, o Sol. Como, então, pode A Morte ser a carta apropriada aqui? Por que a atribuição de plantas venenosas?

Lembre-se de que este é um dos caminhos das Noites Escuras da Alma. Como os outros dois, ele é uma forma de morte, de separação. A morte aqui, tão bem descrita por Gareth Knight em *Practical Guide to Qabalistic Symbolism*, é a Morte da Personalidade. Isso parece terrível, mas simplesmente significa cessar de ver as coisas apenas do seu ponto de vista. Passando de Netzach a Tifareth, precisamos aprender a pensar não somente *nos* outros, mas *como* os outros.

Veja como distingo "simpatia" de "empatia". Simpatia significa relacionar-se com os problemas de outra pessoa pensando como você se sentiria na situação dela. Empatia é sentir o que a pessoa sente na situação *dela*. Em geral, a diferença é grande. É a empatia que é importante, e é aprendida neste caminho. De vez em quando, medite sobre a situação de *ser* outra pessoa. Escolha um amigo, com tudo o que você sabe a respeito dele, e procure *tornar-se* ele — pense os pensamentos dele, veja as coisas do ponto de vista dele. Faça isso com amigos de ambos os sexos. Depois, tente fazer a mesma coisa com alguém que é seu desafeto.

O nosso ritual do Segundo Grau inclui uma morte simbólica em que o Sacerdote/Sacerdotisa renasce como Sumo Sacerdote/Grã-Sacerdotisa — uma nova vida dedicada, doada ao Senhor e à Senhora. Parece simples, mas não é. Este é o fim de uma vida e o início de outra, de uma nova vida. A morte é sempre um fim, naturalmente, do mesmo modo que é sempre um renascimento. E cada nascimento é uma morte, como já vimos anteriormente.

Os sistemas de crenças que professam a reencarnação, como o meu, compreendem isso. Morte é nascimento, nascimento é morte, os mortos são os não nascidos. Temos aqui o escaravelho como atribuição. Esse besouro foi interpretado no 29º Caminho como um símbolo da vida que surge dos resíduos, a vida que nasce do que foi rejeitado. Nenhuma outra pedra é mais apropriada para trabalhar com este caminho do que um escaravelho esculpido em pedra.

"Nun" significa "peixe". A palavra grega para peixe é *delphos*, que também significa "útero". O peixe tem uma longa história como símbolo feminino. Alguns símbolos para peixe são símbolos para a vulva, a entrada para o útero. Este caminho de morte e nascimento é a um tempo entrada e saída para o ventre da Deusa. Aqui nossa Personalidade nasce, e morre.

Pessoalmente, eu já vi o peixe também como símbolo masculino — representando o esperma. Em Tifareth, onde a força se une à forma, o esperma penetra no útero e nossa personalidade é criada.

Muitos rituais do Segundo ou do Terceiro Grau incluem uma narração da história da Deusa que desce ao Mundo Subterrâneo para se encontrar com o Deus, retornando em seguida. Essa é uma imagem da morte e do renascimento. Outra é a história de Ishtar e de sua descida ao Mundo Subterrâneo para encontrar Tammuz. Durante o percurso, ela é despida das suas jóias, das suas finas vestes e, finalmente, do próprio conhecimento de si mesma. Depois de abandonar tudo, ela atinge o seu objetivo e retorna mais gloriosa do que antes.

A carta A Morte mostra um esqueleto com uma foice, "ceifando" um campo de cabeças humanas. As cabeças mostram pessoas de diferentes condições sociais e atividades — desde um rei, com coroa e tudo, até um agricultor. Ninguém escapa da foice da ceifeira.

De todos os Arcanos Maiores, este é um dos dois mais freqüentemente mal interpretados. (O outro é O Enforcado.) Alguns baralhos têm o símbolo do esqueleto, mas não põem o nome na carta, embora os seus ilustradores afirmem ter grande conhecimento e compreensão esotérica. Se essa compreensão existisse, eles não se assustariam com a palavra "morte".

O que é tão horrível com relação à Morte, que evitamos até pronunciar a palavra?

Para muitas pessoas, *tudo* a respeito da morte é horrível. Veja a definição no dicionário. Acabei de consultar o meu; é horrorosa. Mas o Tarô, este caminho, e a Árvore são instrumentos de outra espécie de crença, uma espécie que a definição do dicionário não reflete.

O que é a morte? Um fim, sim, e um começo — como todo começo é um fim. Nosso nascimento no corpo é o começo de uma vida e o desenvolvimento que teremos nela. Ele é também uma morte da liberdade que tivemos antes da encarnação. O nascimento de uma relação é o fim da liberdade, e nós o "sofremos" com alegria. O fim de um relacionamento ruim pode ser um nascimento de liberdade.

Se quiser, faça uma pequena pausa e medite durante alguns minutos sobre nascimento e morte.

Este caminho representa a morte da Personalidade, tanto num nível encarnatório quanto num nível iniciatório.

O 29º Caminho está relacionado com a evolução física; o 24º com as mudanças necessárias para o crescimento. A imagem da carta A Morte parece mórbida, porque é uma imagem do que pensamos que é horrível. Neste caminho, porém, estamos além da morte física — esta ocorre no 32º Caminho. Mesmo os que compreendem que a morte é apenas uma mudança ainda relutam em enfrentar a morte mais extrema da Personalidade.

É em Netzach que a fonte de energia de Kether se divide, como a luz ao passar por um prisma, nas várias energias que chamamos de Deuses e Deusas. Cada um desses Deuses e Deusas representa uma face do nosso Senhor e Senhora. Do mesmo modo, a nossa Individualidade se torna a nossa Personalidade para esta existência em Netzach.

Com a morte física, que é uma morte menor comparada com esta, temos de deixar para trás a restrição da Personalidade e renascer na consciência da nossa Individualidade. Para que isso aconteça, a Personalidade precisa morrer, por mais maravilhosa que fosse, por mais rica ou famosa, por mais pobre e obscura. Algumas Personalidades são fáceis de abandonar. Outras, que foram agradáveis ou bem-sucedidas, entregam-se com dificuldade. Entretanto, neste caminho é preciso fazer isso, ou o crescimento não continuará. Este caminho é necessário; percorrê-lo é necessário para o crescimento espiritual, e mais importante para nós agora, para o crescimento necessário para alcançar o Segundo Grau.

Com isso em mente, a meditação sobre esta carta pode ser muito proveitosa. Imagine-se como o esqueleto, cumprindo uma obrigação. Imagine-se como uma das cabeças! Faça a jornada de Ishtar em meditação, se acha que consegue, se está preparado.

Cada um dos caminhos que levam a Tifareth contém experiências necessárias para esse crescimento. Cada um representa, de certo modo, uma morte e um nascimento.

Essa morte, depois de vivida, leva à compreensão de que do mesmo modo que o corpo físico precisa ser deixado para trás para voltar aos seus componentes básicos, assim devem as partes da Personalidade ser abandonadas numa busca de espiritualidade.

No 24º Caminho enfrentamos o fato de que a nossa Personalidade — o que parece ser a nossa identidade — é simplesmente tão passageira quanto o nosso corpo. Esse corpo decompor-se-á e se tornará parte da Terra, parte do mundo físico maior. A nossa Personalidade é absorvida pelo nosso Eu Interior Maior, pela nossa Individualidade. O que precisamos aprender neste caminho é que em ambos os casos não se trata de perda, mas de expansão. Em ambos os casos, nos tornamos uma coisa só com o que é maior; tornamo-nos *mais*, não menos.

Percorrer este caminho através da iniciação exige uma morte semelhante: uma morte em que você abandona a Personalidade do caminho, com seu vagaroso caminhar em direção à perfeição espiritual, e renasce com uma total dedicação ao crescimento — não só o seu, mas também o dos outros, pois um líder de grupo tem essa responsabilidade. Este é um caminho de mudança de vida, e a morte do 24º Caminho é apenas parte dele.

A Atribuição Astrológica deste caminho é Escorpião, o signo da regeneração. Embora o símbolo mais conhecido deste signo seja, naturalmente, o Escorpião, ele também tem como símbolo a Águia, que representa a forma mais espiritual de Escorpião. A águia paira sobre a terra — numa altura suficiente para ver além das fronteiras, além de cercas e muros, além de limitações estabelecidas pelo homem. A experiência deste caminho lhe permitirá ver além da sua atual encarnação, além da sua Personalidade, para a sua Individualidade. O Escorpião, como signo de Água, oferece um bom exemplo desta lição. Reflita: Quando uma gota de água volta para o mar, ela perde a sua identidade?

O nosso crescimento pode ser comparado a um rio. Todas as nossas vidas são tributárias. Começamos como um fio de água. O nosso desenvolvimento durante cada vida expande esse fio. Esse crescimento continua até, finalmente, desaguarmos no Rio — o nosso Eu Maior, a nossa Individualidade — que flui para o oceano. Essa é a experiência da ascensão deste caminho. Eu gosto de pensar no peixe simbolizado por Nun nadando nesse rio — impulsionando-se à frente, insatisfeito de subir com a corrente, mas usando a corrente como trampolim para nadar com velocidade ainda maior.

Medite na jornada de descida do rio como esse peixe. Outra meditação seria imaginar-se como uma gota de água, caindo do céu no menor dos fios de água. Continue a jornada até unir-se a outro curso de água, depois a um maior ainda, um rio, e finalmente ao mar.

Este caminho leva à Experiência Espiritual de Tifareth: Visão da Harmonia das Coisas e Compreensão do Mistério de Sacrifício. Ele é um passo em direção à Virtude de Tifareth, Devoção à Grande Obra.

Descendo, ele é uma aceitação da nossa restrição numa Personalidade, do mesmo modo que a descida do 32º Caminho é uma aceitação da nossa restrição num corpo.

Experimentamos este caminho também no nosso crescimento como pessoas, como Personalidades. É neste caminho que aprendemos que outras pessoas são reais. Elas são reais — elas são pessoas. Elas têm sentimentos, frustrações e idéias.

Para aqueles que sabem disso, a idéia de que outros talvez *não* saibam pode ser um choque. No mundo de hoje, esse conhecimento não é necessariamente uma vantagem. Se outras pessoas são reais, então elas podem ser feridas — você pode feri-las — e elas sentirão a mesma dor que você sentiu. Se você as enganar, elas terão os mesmos sentimentos que você teria se fosse enganado. Elas têm direitos. Você não é o único. Todos merecem ser tratados como você quer ser tratado.

Se você não sabe disso, e muitas pessoas não sabem, você precisa trabalhar para saber.

Em muitas partes do mundo dos negócios, isto pode ser uma desvantagem. Talvez essa seja uma das razões por que você não encontra muitos pagãos ricos. Nós não participamos desse jogo. Depois de percorrer este caminho num nível iniciatório — se a experiência se torna realmente parte do seu ser — você também não conseguirá participar do jogo.

O 26º CAMINHO

TIFARETH — HOD

A BELEZA DA GLÓRIA
A GLÓRIA DA BELEZA

LETRA: Ayin, olho
CARTA: O Cornífero
ATRIBUIÇÃO ASTROLÓGICA: Capricórnio
CORES CINTILANTES: Índigo
                         Preto
                         Preto-azulado
                         Cinza bem escuro e frio
FIGURA MITOLÓGICA: Cernunos
PLANTA: Cirpo, cânhamo
PERFUME: Almíscar
JÓIA: Diamante Negro
ANIMAL: Cabrito

"O Vigésimo Sexto Caminho é chamado Inteligência Renovadora porque o Deus Santo renova por ele todas as coisas em mudança que são renovadas pela criação do mundo."

A terceira Noite Escura da Alma é a experiência do 26º Caminho, que liga Hod e Tifareth. Este caminho é o mais difícil para o cientista, para o programador de computador, para o pragmático, porque essas pessoas custam muito a acreditar em tudo o que não pode ser provado pelo intelecto: elas precisam de formas precisas, de parâmetros.

Aprende-se neste caminho, e em geral dolorosamente, que muitas coisas não podem ser provadas, não por nós, e simplesmente têm de ser aceitas.

Alguém firmemente estabelecido em Hod sem as energias de equilíbrio de Netzach, alguém fixo à forma, terá muita dificuldade para percorrer este caminho, pois ele sobe na direção de Tifareth e de tudo o que é abstrato. Um

modo de expressá-lo é simplesmente dizer: "Não existe um modo." A mente apegada a Hod tem dificuldade para lidar com tudo o que não se encaixa em pequenos compartimentos. É preciso que haja uma forma adequada, dizem essas pessoas. Deve haver uma maneira apropriada, um modo de fazer as coisas.

Elas resistirão à experiência deste caminho. O modo específico de devastação deste caminho é abalar a crença dessas pessoas nas formas de que aprenderam a depender. Elas conseguirão vencer as dificuldades e terão êxito, mas precisarão de muito apoio.

Muito bem, vejamos a planta cânhamo. Sim, cânhamo é outro termo para *cannabis sativa*. Sim, ela é capim, chá e várias outras coisas. Sim, ela é a maconha. Não, não o aconselho a usá-la. Oponho-me vigorosamente ao uso de qualquer substância que provoque estados alterados de consciência relacionados com qualquer trabalho de magia, desde a meditação até a celebração de rituais. Por quê? As drogas *podem* levá-lo a lugares maravilhosos e inspiradores, é verdade. Mas você não tem nenhuma garantia de que a sua próxima viagem o conduzirá ao mesmo lugar, ou mesmo de que você terá uma experiência agradável. Os estados possíveis de alcançar com drogas podem ser conseguidos sem elas, e podem ser repetidos se praticados através do trabalho de magia. Recomendo de todo o coração que você *não* use essa substância para fins de trabalho espiritual.

O cânhamo é atribuído a este caminho por este motivo: O estímulo da maconha é uma sensação de suavidade, de placidez, de entorpecimento. Nesse estado mental, a pessoa provavelmente não se preocupa com a forma ou com o modo adequado de fazer as coisas. O cânhamo pode *estimular* a experiência deste caminho, mas, como todos os estímulos, este também será ilusório. Passada a excitação, a experiência se desvanece. A verdadeira experiência deste caminho permanece. Estar "chapado" não é crescer. Na verdade, a droga ingerida com certa regularidade pode impedir o crescimento espiritual, porque entorpecimento significa despreocupação com tudo — inclusive com o próprio desenvolvimento.

Delicie-se com o almíscar como incenso. Algumas das suas fragrâncias podem ser muito estimulantes sexualmente, e esta é uma sensação de bem-estar melhor, e também mais saudável. O verdadeiro almíscar provém das glândulas sexuais de um animal macho, representando assim a masculinidade. De muitas maneiras, este é um caminho bem masculino, vigoroso. A propósito, para que o animal que fornece o almíscar continue vivo e saudável, vá um pouco além e experimente almíscar *artificial*. Tente vários. O que for compatível produzirá o mesmo efeito que o almíscar verdadeiro e exercerá bons efeitos em alguns filhos do Cornífero.

De todos os nossos sentidos, um dos menos palpáveis é a visão; e no entanto ele parece ter relação estreita com as formas, porque são elas que vemos. A verdade é que vemos apenas a luz refletida pelos objetos; assim, de certo modo, não vemos o objeto realmente. Você e eu olhamos para a mesma coisa, e o que "vemos" pode ser totalmente diferente. Nossas mentes, nossas experiências afetarão o que os nossos olhos vêem. Eu posso olhar para uma suçuarana e ver força e beleza — a suçuarana é um dos meus animais-totens e eu a adoro. Se você fosse um fazendeiro e tivesse perdido cabeças de gado para uma suçuarana, veria nela um predador, um inimigo. Quem está certo? Ambos. Nenhum. A Deusa é loira, morena ou ruiva? Sim. Não. Em que direção cada elemento deve estar num círculo? Em todas elas. Em nenhuma delas. O que vemos, cada um de nós, está certo, e é uma ilusão. Esta é a lição do 26º Caminho, e o significado de Ayin, o olho. Este é também o "terceiro olho", o olho psíquico, uma forma de visão ainda menos "palpável" do que a visão física.

Na minha visão do baralho ideal, esta é uma carta que será praticamente irreconhecível para os que estão acostumados com baralhos mais tradicionais. A carta da minha visão se parece muito pouco com a que se conhece habitualmente, por motivos que serão imediatamente evidentes a qualquer pagão.

O Diabo, a carta geralmente atribuída a este caminho, é um símbolo do Antideus — o oposto de um Ser Perfeito. Como não vemos a energia como boa ou má, ou os deuses como bons ou maus, mas simplesmente como existentes, não temos necessidade de um deus mau. Não precisamos de um subterfúgio, de uma desculpa para praticar más ações. Diga a uma Grã-Sacerdotisa, "O Diabo me levou a agir assim", e veja o que acontece. Satã não está presente na nossa cosmovisão, e por isso não faz parte deste baralho.

As substituições mais óbvias para o Diabo são Pã, naturalmente, e o Cornífero. No momento de tomar a decisão, eu não podia simplesmente escolher um deles de modo arbitrário. Eu precisava optar por aquele que melhor se harmonizasse com o simbolismo do caminho.

Este caminho representa a energia do Pilar da Força, de Chesed especialmente, que passa por Tifareth e chega ao Pilar da Forma, e de um modo que podemos nos relacionar com ele. É em Hod que as forças de Netzach recebem formas.

Hod está na base do Pilar da Severidade, onde não existem justificativas, pretextos, circunstâncias atenuantes, Misericórdia. Todavia, segundo o *Sefer Yetzirah*, ele tem suas raízes em Gedulah, em Chesed. Essa "Qualidade de Misericórdia" de Chesed desloca-se ao longo deste caminho. Chesed é também o Salão dos Anciãos, que são os nossos guias, os que nos ajudam, ajuda essa que é dada neste caminho. Este é um dos motivos por que o trabalho em Chesed sempre passa por Hod.

A virtude de Chesed é o amor, e este também se manifesta neste caminho, trazendo consigo a iluminação de Tifareth. O amor é uma das muitas coisas que não pode ser provada por métodos científicos; mas nós sabemos que ele existe.

Sabedoria, amor, força, energia, ajuda, orientação — essas coisas chegam a nós ao longo deste caminho e podem ser alcançadas prosseguindo nele, se aprendermos as suas lições. E, sim, todas essas coisas são simbolizadas pelo nosso Senhor, na sua forma como Cornífero. Por isso, substituo o símbolo do Diabo por Cernunos, ou pelo nome que você quiser atribuir-lhe na sua beleza, força e glória. Ele se eleva, imponente e belo, olhar voltado para os que estão abaixo dele.

A Igreja inventou o Diabo como uma perversão do Deus Cornífero. (Ou, com Ayin neste caminho, poder-se-ia dizer que a Igreja olhou para o nosso belo Deus Cornífero e nele viu o mal. Na nossa visão, isso está totalmente errado, embora seja o que muitas pessoas ainda vêem.) Se o simbolismo do Tarô é mais antigo que o cristianismo (e pode muito bem ser, apesar de não termos provas), então o símbolo original pode bem ter sido o Cornífero.

A carta mais comum mostra dois demônios, um de cada sexo, na parte inferior da carta. Na minha carta, essas duas figuras são simplesmente um homem e uma mulher. Ela quer dizer que em Hod, no nosso movimento em direção à encarnação, resolvemos assumir um sexo ou outro. Uma boa meditação neste caminho é visualizar-se como uma das figuras da carta. Se você se imaginar como o homem ou a mulher, contemple o belo deus diante de você e adore-o. Talvez ele lhe transmita uma mensagem.

Outro aspecto a levar em consideração é que Cernunos, Senhor de Greenwood, é outro aspecto de Herne, o Caçador. Aqui estamos novamente diante do nascimento e da morte. Os animais caçam para viver, e é assim que deve ser. Os predadores geralmente matam os doentes, os velhos ou os fracos. A morte está presente também na Greenwood, e ela não é mais horrível aqui, e não menos parte do ciclo, do que em qualquer outro lugar. Outra boa meditação é refletir sobre as diferenças entre Herne e Cernunos.

Muitas representações de Capricórnio mostram um cabrito montês (daí a atribuição do cabrito a este caminho), mas essa é apenas uma meia verdade. Capricórnio é um cabrito marinho: a sua metade inferior é peixe e a superior é cabrito. Assim, Capricórnio simboliza as duas esferas unidas por este caminho — Hod, na base do Pilar da Água, a profundeza do oceano; e Tifareth, o Ar puro e claro no alto da montanha.

O 21º CAMINHO

CHESED — NETZACH

A MISERICÓRDIA DA VITÓRIA
A VITÓRIA DA MISERICÓRDIA

LETRA: Kaph, a palma da mão, ou uma colher
CARTA: A Roda da Fortuna
ATRIBUIÇÃO ASTROLÓGICA: Júpiter
CORES CINTILANTES: Violeta
Azul
Púrpura vivo
Azul brilhante, raiado de amarelo
FIGURA MITOLÓGICA: Mamitu
JÓIA: Lápis-lazúli, ametista
PLANTA: Hissopo, carvalho

"O Vigésimo Primeiro Caminho é a Inteligência da Conciliação e da Recompensa, e é assim chamado porque recebe a influência divina que flui para ele desde a sua bênção a toda e cada existência."

O 21º Caminho vai da Esfera de Chesed para a Esfera de Netzach (e desta para aquela, naturalmente), e dele recebemos os nossos sonhos — não do tipo de sonhos que temos à noite, necessariamente, mas os nossos sonhos de perfeição — as nossas visões do futuro como gostaríamos que ele fosse, nossos ideais. Recebemos as imagens do que gostaríamos de conseguir.

Chesed é a Esfera dos Arquétipos — dos nossos arquétipos individuais e também dos arquétipos da humanidade e de toda a criação.

O Espírito tem um único objetivo: voltar à sua fonte. Mas muitos passos devem ser dados em direção a esse objetivo e cada Individualidade tem a sua meta. As Personalidades em que a nossa Individualidade se manifesta são cada uma um passo na direção desse objetivo. Cada uma tem algo a realizar, e neste caminho esse propósito é sentido — sentido, não visto, porque

68 ✛ O TARÔ DAS BRUXAS

essas "visões" se manifestam mais na forma de aspirações, anseios; e às vezes não sabemos o que almejamos, sabemos apenas que existe. (Como ter fome de alguma coisa específica e não saber o que é. Podemos comer durante vários dias e ainda sentir fome se não descobrimos *a* coisa que queremos.)

Esse anseio pode levar-nos a muitas alternativas: à procura de caminhos, de sentidos, de compreensão. Enquanto não compreendemos que anseio é esse, não conseguimos — achamos que não — trabalhar para realizá-lo.

As coisas não acontecem necessariamente assim. Muitas vezes, sem que o saibamos, estamos trabalhando a favor dos nossos objetivos, da realização dos nossos sonhos.

Peço desculpas por usar um exemplo pessoal (de novo) — eu sempre quis escrever. Escrevi o meu primeiro poema quando cursava o ensino médio. Tentei diferentes formas de expressão: jornalismo, poesia, letras musicais, histórias curtas. Nenhuma se mostrou adequada. Deixei de escrever durante dez anos. Tão frustrante foi a minha busca e os fracassos que a acompanharam, que desisti.

Finalmente, comecei novamente com poesia e, algum tempo depois disso, envolvi-me com a Arte. Depois de aprender muitas coisas e de crescer, voltei a escrever... sobre a Arte: artigos, rituais, poemas — ao mesmo tempo em que estudava e aprendia. Algumas dessas coisas foram publicadas e agradaram os adeptos do paganismo. Só mais tarde dei-me conta de que eu havia encontrado o meu caminho de diversas formas. Minha necessidade de um propósito de vida, de uma direção, havia sido satisfeita. Eu não havia realizado esse propósito, mas sabia qual era e como trabalhar para realizá-lo. Eu também havia descoberto que queria ajudar outras pessoas no caminho, ensiná-las e orientá-las com o melhor de mim. Faço isso escrevendo, e aqui estou!

A letra hebraica atribuída a este caminho é Kaph (כ), a palma da mão. Os quiromantes dizem que o nosso destino está escrito na palma da mão. Dizem também que não existem duas palmas iguais, mas seria fascinante ver uma comparação entre as palmas de duas Personalidades que encarnaram a partir da mesma Individualidade. Talvez algum dia isso seja possível.

Do mesmo modo que o destino da sua Personalidade está escrito na palma da sua mão, assim o destino da sua Individualidade está escrito em Chesed; a visão desse destino é enviada ao longo do 21º Caminho.

A Roda da Fortuna mostra os vários aspectos da nossa Individualidade. Ela representa as diferentes vidas que teremos para alcançar as visões de Chesed.

A minha idéia da carta perfeita não seria muito diferente da maioria das cartas atuais, exceção feita a um aspecto significativo. Na minha carta, é óbvio que a Roda está rolando, não girando.

Temos os nossos "altos e baixos" na Roda, como mostram as figuras que estão nela. Entretanto, a roda se movimenta sempre para a frente, se assim preferirmos; e sempre que chegamos ao chão, ou ao alto, significa que avançamos.

Como a maioria dos símbolos, a Roda tem mais de um significado. As visões a partir das esferas acima de Tifareth são, num certo sentido, invertidas.

A Árvore da Vida é a Árvore cujas raízes estão no céu; por isso, Malkuth é o seu topo. As figuras que parecem estar caindo no lado direito da Roda estão realmente "subindo" para a manifestação — nossas Personalidades apresentando-se para a encarnação. As que estão no lado "para cima" estão saindo da encarnação, depois de realizar, esperamos, as tarefas previstas para esse tempo.

Procure imaginar-se na Roda, subindo ou descendo. Sinta o movimento, não apenas no giro contínuo da Roda, mas também em seu movimento para a frente. Saiba que tudo o que vive está também na Roda, que estamos todos nos movimentando para a frente juntos. Procure sentir a presença de todos.

A Roda é também, naturalmente, a Roda do Ano, cada raio representando um dos Oito Grandes Sabás, nosso padrão de crescimento e desenvolvimento, nossas tentativas de entrar em harmonia com os ritmos e ciclos da criação. Nascimento, crescimento, maturidade, morte e descanso, e renascimento — tudo simbolizado pelas estações do ano, e tudo parte desta vida, de todas as vidas; esta é a visão que a Arte tem do ideal, do arquétipo que nos envia anseios e aspirações e que, por fim, nos leva à Wicca e a caminhos semelhantes.

Essas visões eram mais evidentes nos anos de 1960, quando os jovens se rebelaram contra as idéias de guerra e morticínio e começaram a promover a paz, o amor e a generosidade. As visões desses jovens estavam certas, mas muitos deles pensavam que "fugir" era a melhor alternativa, e procuravam essa fuga nas drogas. Alguns continuam fazendo isso. Alguns ainda estão nos hospitais. Outros passaram por várias experiências e encontraram o caminho adequado.

Este é o caminho do destino. Alguns talvez o chamem de caminho da fatalidade, mas eu não gosto desta palavra porque, para mim, ela implica que tudo o que está por vir é inexorável. Bem, de fato é inexorável, eu sei, mas o modo como chegamos a esse fim iniludível, os passos que damos em sua direção são escolha nossa. Se há uma lição a aprender, você a *aprenderá*, mas é você que em última análise escolhe o método de aprendizado. Você escolhe a Personalidade e as condições sob as quais irá aprender. Se, por medo, a sua escolha for não aprender uma lição, então você não aprenderá. Não agora.

Mamitu é a deusa assírio-babilônica que, no momento do nascimento, escolhe o destino do nascituro. Sabemos que *nós* escolhemos o nosso destino e que ele é decidido antes do nosso nascimento físico; mas o nascimento deste caminho é o dos nossos sonhos e visões que farão parte da Personalidade. Mamitu simboliza essas visões, e o dom dela será a força impulsora de tudo o que você faz nesta vida e em todas as suas vidas.

O Texto Yetzirático diz que este caminho é a Inteligência da Conciliação e da Recompensa. A definição moderna de "conciliar" é pacificar, promover a harmonia, criar amizade. Entretanto, eu prefiro a definição "arcaica": "reconciliar, tornar consistente". Por mais que demore, por mais anos que vivamos, por mais vidas que tenhamos, é o que ganhamos neste caminho que dá às nossas vidas continuidade, consistência. Embora a minha vontade de escrever se manifestasse de muitas maneiras diferentes, o escrever em si permaneceu. Talvez esse desejo de comunicar provenha de outras vidas. Não sei.

Outra frase interessante nesse texto é: "recebe a influência divina que flui para ele desde a sua bênção a toda e cada existência."

Em meio a todo o sofrimento do viver, ainda recebemos a bênção deste caminho, a consistência que nos mantém plenos. E devolvemos essa bênção com o nosso amor e a nossa dedicação. A Influência Divina flui *para* ele desde as suas bênçãos. A influência procede de nós, quando devolvemos as suas bênçãos. Quando agradecemos à Deusa e ao Deus a força que nos mantém, abençoamos este caminho. E as bênçãos dele vão também — para a Esfera dos Anciãos, nossos Ancestrais Espirituais, que as devolvem por seu amor e dedicação. Estamos *envolvidos* nas ações deste caminho, fazemos parte dele, como fazemos parte de toda a Árvore. Nunca se esqueça de que *tudo* faz parte desta Árvore: deuses, árvores, rochas, canários, você, eu, estrelas, crianças — tudo. E se a menor das penas no menor dos canários deixa de existir, a Árvore já não é mais inteira.

O símbolo de Júpiter é formado pela união de uma lua crescente e de uma cruz. A lua crescente é, naturalmente, uma fase da Lua; e o que inspira mais sonhos e mais visões do que a Lua? A luz suave não revela toda a desarmonia do mundo, mas oferece um quadro ameno. Ela pode libertar nossas mentes e corações para que vagueiem pelo mundo de sonhos, e desses sonhos coisas maravilhosas podem se tornar manifestas. Um poema, um remédio, uma invenção — tudo isso pode chegar à existência na cruz dos elementos que significa manifestação.

O hissopo e o carvalho são regidos pelo planeta Júpiter, e cada um, a seu modo, é um símbolo de proteção. O hissopo é usado para aspergir um espaço a fim de purificá-lo e protegê-lo. O carvalho, com sua força e imponência, é uma forma mais "visual"; seus ramos estendidos e seu tronco resistente podem proteger-nos dos vendavais e tempestades.

Essa imagem nos lembra que Chesed, Misericórdia, tem a sua própria força — diferente da força de Geburah, mas não menos robusta. Ambas as esferas têm suas lições a nos ensinar, suas dádivas a nos oferecer, e ambas nos tornam fortes — Chesed com o seu "apoio moral" e Geburah com seus desafios.

Lápis-lazúli é uma bela pedra azul com matizes dourados. Meu marido e eu temos a mesma reação psicométrica a ela: uma sensação de paz, tranqüilidade, sossego, despreocupação. O seu azul reflete Chesed e as cores do caminho. Ela é também uma pedra sagrada a Osíris, o deus que ensinou seu povo a construir e crescer, uma divindade que pode ser facilmente atribuída a Chesed.

A atribuição da ametista tem um significado mais profundo do que sua cor, também refletida nas Cores Cintilantes. A ametista é a pedra atribuída a Chesed, e alguns a consideram a pedra do mago. No coven onde recebi treinamento, todos comprávamos um anel de ametista que seria o nosso "anel do mago", e o usávamos para concentrar nossas energias no momento de enviá-las ou recebê-las. (Afinal, Chesed é o Salão dos Adeptos.) As energias que animam você são dirigidas pelos arquétipos pessoais em Chesed e recebem forma criativa em Netzach. Se você se sente impulsionado para alguma coisa, para *fazer* alguma coisa, mas não sabe o que, a meditação e o trabalho sobre este caminho podem ser muito proveitosos. Se a resposta não se apresenta neste momento, ela se apresentará. Ela se apresentou para mim.

O 23º CAMINHO

GEBURAH — HOD

A FORÇA DA GLÓRIA
A GLÓRIA DA FORÇA

LETRA: Mem, água
CARTA: O Enforcado
ATRIBUIÇÃO ASTROLÓGICA: Água
CORES CINTILANTES: Azul-escuro forte
        Verde-marinho
        Verde-oliva intenso
        Branco com tons de púrpura
FIGURA MITOLÓGICA: Odin
PLANTA: Todas as plantas aquáticas, arruda
PERFUME: Mirra, onicha
JÓIA: Água-marinha

"O Vigésimo Terceiro Caminho é a Inteligência Estável, e é chamado assim porque tem a virtude da consistência entre toda numeração."

Este caminho recebe duas atribuições de Água: o elemento Água e a letra hebraica Mem, que significa "água". Como Hod é a Esfera da Água, essa dupla atribuição faz sentido. No entanto, o 23º Caminho liga-se com Geburah, que é definitivamente ígneo.

Como isso acontece? Lembre-se, a idéia dos elementos começa em Kether, com suas Criaturas Santas Vivas, os anjos dessa esfera. Os anjos representam formação nos Quatro Mundos, e os quatro elementos são a forma em que essa energia se manifesta. Nenhuma esfera da Árvore é um elemento só, mas sempre uma mistura de todos.

Geburah é a Esfera da Destruição, e se você está pensando na água apenas como uma corrente calma, repense um pouco. Qualquer terreno costeiro revela o poder destruidor da água. Os que vivem na Costa do Pacífico freqüentemente comprovam dolorosamente o que ela pode fazer.

No entanto, ela nem sempre age de forma rápida e violenta. O Grand Canyon é resultado de milhares e milhares de anos de ação lenta e "branda" da água.

Porém, não é sempre o aspecto destrutivo da água que encontramos neste caminho. Também o fluxo encontra-se aqui — o fluxo inexorável que é mais difícil de interromper, pois ele persegue o seu objetivo direta e indiretamente. Faça uma barragem no seu curso, e ele procurará maneiras de contorná-la, e as encontrará.

Neste caminho, a água também representa a razão clara, pois ela é incolor quando pura.

Encontramos aqui O Enforcado. Sempre usei esta carta e a carta A Morte como teste para qualquer livro sobre Tarô. Muitos livros populares que contam histórias, etc., não são obviamente resultado de nenhum estudo verdadeiro sobre as cartas porque interpretam O Enforcado como "morte por enforcamento". É certo que nem sequer observaram a carta de perto, porque a figura está suspensa pelo pé — desconfortável, mas dificilmente um método eficiente de execução.

Como foi mencionado na análise do 21º Caminho, a perspectiva das esferas acima de Tifareth é invertida. O Enforcado está com os pés em Geburah, e o fluxo da água, da razão, corre de Geburah para a cabeça da figura, que está em Hod, a Esfera da Mente.

Essa carta também reflete a lenda de Odin pendente da árvore Igdrasil. Ser suspenso de cabeça para baixo era uma forma de sacrifício e, no caso de Odin, resultou na descoberta das "runas" feita por ele. Como este caminho leva à Esfera da Escrita e das Palavras a partir da Esfera do Sacrifício, este parece ser o simbolismo mais apropriado e se reflete no meu desenho. Odin está suspenso numa árvore. Seus braços estão cruzados atrás das costas, de modo que os cotovelos e a cabeça formam um triângulo com a ponta para baixo — o símbolo alquímico da Água.

Odin é um personagem fascinante, muito querido para mim. Ele é mais conhecido como comandante militar, que passava o tempo lutando, bebendo, freqüentando prostíbulos, farreando. No entanto, ele entregou um dos seus olhos como pagamento para poder beber na Fonte do Conhecimento, e passou 12 dias sacrificado numa árvore sagrada. Como muitos deuses, Odin apresenta muitas facetas. Meditar sobre ele e sobre os mitos que o cercam pode ser de grande proveito para aprender sobre este caminho. Medite também sobre o preço que se paga pelo conhecimento, e em que moeda.

A atribuição de plantas aquáticas é muito óbvia aqui, da mesma forma que a atribuição da água-marinha azul, cujo nome significa "água" duas vezes. Onicha é um incenso feito de uma certa concha marinha.

A mirra é o incenso que uso para homenagear a Deusa. É também usada para consagrar, purificar e proteger. O fluxo da água pode purificar, lavar, e a proteção aparece também aqui, como no 21º Caminho. Aqui, porém, é a força de Geburah que protege — de um modo muito diferente de Chesed. A mirra é um adstringente.

Enquanto o 21º Caminho nos oferece ideais, visões, inspirações, propósito, o 23º nos dá direção e nos mostra o que fazer. Por esse motivo, incluo a arruda como uma das plantas para este caminho, pois o dom da arruda é a mente unidirecionada, a concentração no que deve ser feito.

A Atribuição Planetária de Hod é Mercúrio, e aqui, novamente, o símbolo é tão importante quanto as energias planetárias. A lua crescente no topo exerce a função da taça que recebe o fluxo da energia procedente de Geburah. O círculo mostra restrição e definição, ou controle, e a cruz dos elementos representa manifestação.

O 22º Caminho é a Inteligência Estável. Estabilidade implica forma neste Pilar da Forma, e ela leva de Geburah (que restringe a forma) a Hod (que é pensamento restrito ou controlado — lógica e aprendizado). A consistência dos desejos encontrados no 21º Caminho e a consistência da direção dada neste Caminho se combinam para nos dar tudo o que precisamos para realizar nossos propósitos escolhidos. A Árvore nos dá o que é preciso para nela ascender; basta apenas que aceitemos o que ela nos oferece.

O 20º CAMINHO

CHESED — TIFARETH

A MISERICÓRDIA DA BELEZA
A BELEZA DA MISERICÓRDIA

LETRA: Yod, mão
CARTA: O Buscador (O Eremita)
ATRIBUIÇÃO ASTROLÓGICA: Virgem
CORES CINTILANTES: Verde-amarelado
      Cinza-azulado
      Cinza-esverdeado
      Roxo-escuro
FIGURA MITOLÓGICA: Diógenes
JÓIA: Peridoto

"O Vigésimo Caminho é a Inteligência da Vontade, e é chamado assim porque é o meio de preparação de todos e de cada ser criado, e por essa inteligência a existência da Sabedoria Primordial se torna conhecida."

Este Caminho recebe o nome de Inteligência da Vontade, e aqui temos novamente o arquétipo do desejo da Individualidade, a Vontade da Individualidade. Chesed envia a Tifareth, como remete a Netzach, a imagem do que a Individualidade deseja; mas, enquanto em Netzach recebemos essa imagem emocionalmente, em Tifareth a recebemos espiritualmente.

Este caminho representa a Sabedoria dos Anciãos, e nós o percorremos quando buscamos a ajuda deles através da meditação. A sabedoria e os ensinamentos dos antigos, os resultados das experiências que realizaram, fazem esse trajeto até nós.

A carta aqui é O Buscador, geralmente chamado de Eremita. A figura leva um bastão e uma lanterna, e é a um tempo o que procura a luz e o que leva a luz, dependendo da direção percorrida.

Este é um dos Anciãos que procura ensinar-nos. A lanterna é a luz do conhecimento, da iluminação, da inspiração. O Dr. Regardie atribui a este caminho o bastão e a lâmpada, em parte porque estão representados na carta, mas também por causa do seu significado. O bastão, neste caso, simboliza a mente, o aprendizado e o ensino. A lâmpada, naturalmente, é a iluminação que dissipa as trevas da ignorância.

Seja qual for o caminho que você siga, por mais esclarecidos e sinceros que possam ser os seus instrutores no Plano Terreno, eles não são os seus únicos mestres. Você é incentivado a estudar, a meditar, a procurar o conhecimento com algo mais do que apenas a mente consciente. Provavelmente alguém lhe dirá que é preciso aprender com os outros.

No livro I, eu disse que a Cabala foi dada aos Antigos para que eles pudessem ajudar seus alunos a aprender os mistérios — não para que eles *ensinassem* os mistérios, pois Mistérios não podem ser ensinados, tão-somente vividos. Se você se concentra apenas no aprendizado livresco e não realiza um trabalho espiritual, você pode facilmente perder os ensinamentos mais importantes dos Antigos, pois não estará aberto para eles. Você não viverá os Mistérios, pelo menos não agora. Essas lições só podem ser aprendidas se você refletir e meditar sobre elas, se as procurar, se as aceitar.

Oh, sim, você acabará vivendo-as, numa existência ou noutra, mas nós que trilhamos caminhos de magia não ficamos satisfeitos em *finalmente* retornar à Fonte. Estamos nesses caminhos porque tomamos a decisão de abreviar o nosso tempo na Roda da Vida, e trabalhamos mais arduamente para alcançar esse objetivo. Como James Flecker disse em sua peça *Hassan*, "Somos peregrinos — somos os que vão um pouco além".

Os Anciãos nos acompanham, segurando a lâmpada do conhecimento para iluminar o caminho. Basta apenas que olhemos.

Olhe para a carta e imagine-se no meio da escuridão, do desconhecido que o cerca — escondido, muitas vezes assustador. Entretanto, ali está a figura com a lâmpada, iluminando a escuridão. Se você tiver uma pergunta, talvez a resposta da figura seja iluminada por essa luz. Diógenes procurava o homem "honesto". Talvez ele estivesse realmente procurando alguém com desenvolvimento suficiente para estar além de todos os jogos que jogamos, além da necessidade de impressionar as pessoas, além da necessidade do poder mundano — alguém que conhecesse as verdades reais que procuramos. Talvez ele procurasse os Anciãos.

O Buscador é também você, e eu, e toda pessoa que procura o conhecimento e a experiência dos Mistérios. A lâmpada representa a nossa busca na escuridão. Talvez este pouco de magia simpática, a nossa pequena lâmpada, atraia a luz maior.

E o Buscador é os dois ao mesmo tempo: a nossa busca de luz, conhecimento e crescimento nos torna simultaneamente buscadores de luz e portadores de luz. A cada passo que damos à frente, a cada fração de conhecimento, de luz, nós ganhamos, ampliamos a luz no seio da raça humana.

Esta carta também tem significado para grupos metafísicos, sejam eles relacionados com a Arte ou não, pois ela representa os "contatos" desses grupos.

O que são esses contatos? Eles são o que torna um coven (ou outro grupo?) "real".

Na Arte, atualmente, fala-se muito sobre quem é bruxa e quem não é. Alguns grupos afirmam que podem remontar a muitas gerações de ancestrais. Outros não hesitam em dizer que surgiram recentemente.

Na nossa comunidade pagã, se alguém diz "Sou um iniciado do _____ Grau da Tradição _____," nós acreditamos nele até que, e a não ser que, suas ações mostrem o contrário — algo que se fica sabendo que aconteceu. Depois de certo tempo, quase todos nós podemos dizer se uma pessoa vive verdadeiramente a Arte e a ensina, mesmo que a tradição professada seja muito diferente da nossa. Reconhecemos que existem muitas maneiras diferentes de fazer as coisas, e que mesmo grupos de uma mesma tradição podem variar bastante.

Uma coisa que se evidenciará com o tempo é se o grupo tem seus contatos. Do mesmo modo que os Antigos nos ajudam individualmente no nosso crescimento, assim ajudam os grupos. Os magos cerimoniais freqüentemente se referem aos seus contatos com o termo "Chefes".

Seja uma tradição antiga ou recente, se um grupo é sincero, trabalhando corretamente (e os deuses julgam isso, não nós), formando o seu espírito de grupo, cada membro se esforçando para se aperfeiçoar pessoalmente, ele pode desenvolver o seu contato — ser "adotado" pelos Antigos. Isso acontece de diferentes modos, mas não tentarei dizer-lhe como acontece, ou mesmo como fazer para que aconteça, ou ainda como dizer se um grupo mantém seus contatos. Acontece, e às vezes se pode dizer que acontece. Não estou querendo ser evasiva. Esta é uma das coisas que as palavras não conseguem descrever.

Temos aqui Yod, que significa "mão". Uma das coisas que diferenciam a humanidade da maioria dos outros filhos da Deusa é a nossa mão — pois com ela podemos usar ferramentas. Podemos construir, demolir, plantar, erguer, escrever, espancar, acariciar — e podemos segurar uma lâmpada.

Yod também representa o dedo indicador apontado, com os outros dedos dobrados para dentro. Este é o gesto clássico de direção, o sinal que os Anciãos usam para apontar o caminho.

O Buscador leva um bastão, ou um cajado — um símbolo de Chesed, como o mangual é um símbolo de Geburah. (Veremos o mangual no 22º

Caminho.) Neste caminho, recebemos uma orientação branda; no 22º, a direção severa.

Yod recebe ainda outra interpretação na Cabala: ele representa a fertilidade, o esperma, a fertilização, o aspecto masculino da criação da vida. Através deste caminho, ele procede do Pilar Masculino da Força e dirige-se para o Pilar Central.

Aqui também está o signo de Virgem, símbolo da Virgem. Nossa atual definição da palavra virgem é "alguém que não teve relação sexual", mas essa não era a definição original. Originalmente, o termo denotava alguém que não havia gerado um filho. Assim, muitos ainda são virgens. A Virgem representa o potencial para dar a vida que ainda não se manifestou e, nesta esfera, a vida física ainda não se manifestou, apenas tem o potencial para se manifestar.

Virgem é a Donzela, representando tudo o que pode ser — o futuro — não o futuro limitado que nossas Personalidades podem imaginar, mas algo muito além. Mais imediatamente, é o nosso futuro como Anciãos — os que estão além da necessidade de corpos e cujo trabalho continua de outras maneiras. Parte do trabalho deles é ajudar-nos a crescer, e essa ajuda chega por este caminho — especialmente se você pedir. Como chegamos aonde eles estão? Escute, eles lhe dirão.

O 22º CAMINHO

GEBURAH — TIFARETH

A FORÇA DA BELEZA
A BELEZA DA FORÇA

LETRA: Lamed, aguilhão
CARTA: A Justiça
ATRIBUIÇÃO ASTROLÓGICA: Libra, Balança
CORES CINTILANTES: Azul-esmeralda
                             Azul
                             Azul-esverdeado-escuro forte
                             Verde esmaecido
FIGURA MITOLÓGICA: Maat
PLANTA: Aloé
JÓIA: Jaspe-sangüíneo
ANIMAL: Aranha

"O Vigésimo Segundo Caminho é a Inteligência Fiel e é chamado assim porque aumenta as virtudes espirituais, e todos os habitantes da Terra estão quase debaixo da sua sombra."

Para a Golden Dawn, a carta A Justiça pertence a este caminho e A Força ao 19º. Para autoridades precedentes, essas cartas ocupavam as posições invertidas. Confesso que, por uns instantes, pensei em desfazer a inversão. O 19º caminho é recíproco, ligando Geburah e Chesed, um caminho de equilíbrio, e a Justiça segura uma balança que opera por equilíbrio.

Embora isso seja verdade, é o propósito da balança que a atribui a este caminho, não o modo como ela trabalha.

O objetivo da balança é pesar alguma coisa, e este é o caminho do ajuste kármico. As energias de Geburah, Sede do Karma, Sede do Ajuste, descem por este caminho até Tifareth. As lições que precisamos aprender revelam-se ao longo deste caminho, nesta vida.

Este caminho está associado à estação do outono, o tempo da colheita. Na minha tradição, referimo-nos a esse período como o "Tempo do Karma", pois é a estação em que colhemos não apenas os frutos da terra, mas também os frutos da nossa labuta espiritual. Lições necessárias para um crescimento ainda maior começam muitas vezes nessa época.

Nós, seres humanos, plantamos na primavera, mas a Deusa semeia no outono. Os grãos se desprendem das espigas, os frutos caem das árvores, e esperam a primavera para desabrochar para a vida. Assim Ela semeia as sementes do nosso passo seguinte na direção do crescimento. Reflita um pouco sobre isso e você se lembrará dos primeiros desses passos à frente.

E quando ocorre o equinócio do outono? No primeiro dia de Libra, a Atribuição Astrológica deste caminho.

Ele é chamado Inteligência Fiel, "porque aumenta as virtudes espirituais". Sem dúvida, pois à medida que aprendemos, crescemos e nos livramos do lixo que acumulamos aqui e ali, mais espaço abrimos para as virtudes espirituais.

Muito tempo atrás, quando eu era episcopaliana, tínhamos aulas regulares de religião. Ao estudar os Dez Mandamentos, como a turma era composta quase inteiramente de adolescentes, esperamos com ansiedade para ver como o nosso ministro, o Sr. Brown, explicaria o mandamento: "Não cometerás adultério."

Ele tergiversou, e passou a explicar a definição de "adulterar".

Se vocês têm um copo com água e um vidro com tinta, disse ele, as duas substâncias são puras e úteis. Se, porém, as misturarem, elas se tornam inúteis. O resultado não pode ser bebido como água nem usado como tinta.

Decepcionante para a turma, mas um excelente exemplo deste caminho. As partículas de tinta são aqui removidas, restando somente água pura. Ou as partículas de água são retiradas, ficando tinta pura. Cada uma dependeria do que fosse necessário. A tinta seria um tanto inútil se você estivesse morrendo de sede. A água seria de pouca utilidade para escrever um bilhete pedindo ajuda, certo?

A letra hebraica para este caminho é Lamed, o aguilhão. Eu não conheço um aguilhão, mas para propósitos de simbolismo, vejo-o como um mangual. Como o cajado do faraó encontra-se no 20º Caminho, neste temos o mangual. Cada um simboliza um aspecto da liderança. Em Chesed encontramos o governante benévolo de um reino em paz; em Geburah, o governante guerreiro que protege e defende o reino e que pune os malfeitores.

O karma não é punição, mas pode dar essa impressão, pois nós, seres humanos, somos teimosos e em geral não aprendemos as coisas do modo mais fácil. O karma é resultado, e não há espaço para "circunstâncias atenuantes". Se você pegar uma panela com o cabo quente, você se queimará, por melhores que sejam as suas intenções. Não há desculpas aqui, nada de justificativas.

Lembre-se: na Arte, o Diabo não o induz a agir. Se você comete um crime num momento de cólera, você não pode dizer: "É culpa deles porque me fizeram ficar com raiva." É você que se irrita. É você que deixa os outros dominar a sua consciência, e esse é o *seu* problema. O *seu* karma.

"Sou apenas humano!" você diz. É verdade, mas estamos tentando ser mais do que isso, de modo que desculpas não ajudam neste caminho.

As experiências de percorrer este caminho são geralmente difíceis, muitas vezes desagradáveis... e esses dois qualificativos podem ser brandos. Mas são necessários, como o são todas as experiências de todos os caminhos. O gosto do aloé é muito amargo, mas a essência da planta faz bem à pele.

Na carta A Justiça, a figura suspende uma balança. Em geral, ela é representada com os olhos vendados. Eu acho, porém, que a Justiça está longe de ser cega. Ela conhece muito bem o que está fazendo. Justiça não tem nada a ver com lei. Para compreendê-la, precisamos meditar sobre o termo "justiça poética". Vemos isso acontecer freqüentemente na lenda e na mitologia, e mesmo em Gilbert e Sullivan, que escreveram uma letra musical sobre "ajustar a punição ao crime". A minha carta mostra a Justiça segurando a balança, com os olhos desvendados. Num dos pratos da balança está a pluma de Maat — no outro, um coração humano.

Maat simboliza mais do que a Verdade. Ela representa o que é certo, o que é verdadeiro: o Tao.

Na mitologia egípcia, este caminho representa a Câmara dos Assessores. Depois de responder às 42 perguntas, você se vê diante da balança onde o seu coração é pesado, tendo como contrapeso a pluma de Maat, Aquela Que é a Verdade. Se o coração está pesado, você volta a reencarnar. Finalmente, ele chega ao equilíbrio, e você poderá sair da Roda da Vida e entrar no Tuat, o paraíso egípcio, Chesed, onde você se juntará aos Anciãos; então, daí em diante, o seu trabalho espiritual consistirá, em parte, em ajudar os que ainda não alcançaram esse nível de desenvolvimento.

Ao descer por este caminho, você escolhe muitas situações que encontra na sua encarnação atual, porque você tem consciência das lições que precisa aprender. Subir por este caminho é aprender as lições que restam.

Ao meditar sobre esta carta, procure imaginar que é o seu coração que está na balança. Como ele enfrenta o teste agora, neste exato momento? Se você acha que ele está muito pesado, pergunte-se o que o faz pesar tanto.

Imagine também que você é a figura da Justiça. O que ela verá ao perscrutar o seu coração?

Se você puder ser realmente objetivo, talvez um estudo desta carta e deste caminho lhe mostrem o trabalho que precisa ser feito, o que precisa ser removido do seu coração, do seu espírito, para chegar ao equilíbrio da balança.

Trabalhe com o jaspe-sangüíneo. Essa pedra, que eu adoro, está associada a Marte (e este caminho leva a parte de Geburah, que tem Marte como planeta) e é considerada desintoxicadora. Alguns dizem que ela é boa para qualquer coisa relacionada com o coração e para qualquer pessoa que sofra de alguma dependência. Deixe que o jaspe-sangüíneo remova o que precisa ser eliminado, remova os "venenos" do seu coração. Deixe que a influência de Marte dissipe tudo aquilo de que você não precisa, e depois deixe a energia de cura de Tifareth plenificá-lo.

Embora a experiência de ascender por este caminho seja difícil e muitas vezes dolorosa, não permita que as dificuldades o desestimulem ou que o façam sentir-se menos do que o glorioso filho da Deusa que você é. A aranha atribuída a este caminho tece padrões maravilhosos na sua teia, e cada fio é importante. O mesmo acontece com você, que é uma parte essencial do padrão da criação — um fio na tapeçaria dos Deuses. Nada do que você possa fazer o afastará desse padrão. Nenhum erro que você comete pode fazer isso. A Senhora sempre sabe onde você está; você sempre faz parte do padrão.

Lembre-se da lenda de Robert Bruce, que quase desistiu da sua batalha pela liberdade. Quando ele se escondia dos inimigos, o seu único companheiro foi uma pequena aranha que estava com dificuldade de construir a sua teia. A cada nova tentativa, a aranha fracassava. Com fé inabalável, ela tentou com tenacidade, até finalmente alcançar o seu objetivo, inspirando Robert Bruce a continuar a sua luta; e ele venceu.

Sim, este caminho apontará as suas falhas; mas, se você aprender com cada uma delas, se tentar quantas vezes forem necessárias, você alcançará o sucesso. Eu lhe prometo. Como Grã-Sacerdotisa da Senhora, dou-lhe a minha palavra.

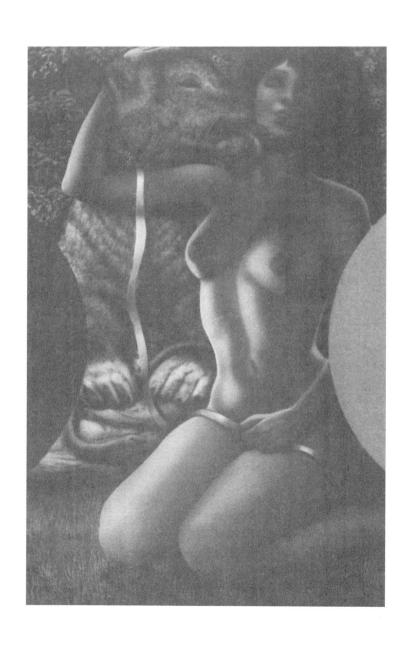

O 19º CAMINHO

CHESED — GEBURAH

A FORÇA DA MISERICÓRDIA
A MISERICÓRDIA DA FORÇA

LETRA: Teth, serpente
CARTA: A Força
ATRIBUIÇÃO ASTROLÓGICA: Leão
CORES CINTILANTES: Amarelo-esverdeado
        Púrpura-escuro intenso
        Cinza
        Amarelo-avermelhado
FIGURA MITOLÓGICA: Ândrocles
PLANTA: Girassol, salgueiro
JÓIA: Olho-de-gato, citrino
ANIMAL: Leoa

"O Décimo Nono Caminho é a Inteligência do Segredo de todas as Atividades dos Seres Espirituais, e é chamado assim por causa da influência que ele difunde desde a glória sublime mais elevada e exaltada."

Este é o caminho entre Geburah e Chesed, entre Severidade e Misericórdia, o Pilar da Restrição e o Pilar da Expansão — entre os dois tipos de força.

Alguém já disse que um homem que fosse 100% masculino não passaria de um par de punhos — força bruta; e uma mulher que fosse 100% feminina seria uma pata de gato com as garras aguçadas. É a nossa dualidade que nos dá suavidade e brandura, e essas são forças verdadeiras. A verdadeira força é composta de severidade e compaixão, de punição e perdão. O salgueiro é um exemplo natural dessa condição por causa da sua flexibilidade. Ele verga com o vento, sem quebrar. Outro exemplo é a serpente, representada pela letra Teth. Podemos dar um nó numa cobra e ela não se parte. As serpentes também têm flexibilidade e grande força, como você deve saber se já teve uma nas mãos. É uma força que parece desproporcional ao seu tamanho, pelo menos tratando-se de cobras pequenas.

A flexibilidade é necessária, assim como a firmeza. Conheci um professor da Arte que conhecia apenas a severidade. Eu sofri porque sabia muito pouco e, pior, eu fazia outros sofrerem. Esperemos que, dessa experiência, ambos tenhamos aprendido que o equilíbrio é necessário. (Pessoalmente, eu acho que aprendi.)

A Atribuição Astrológica, Leão, tem várias implicações. O leão aparece na carta A Força, também atribuição deste caminho. Na maioria das cartas, a imagem nos relembra a história de Ândrocles e o Leão, o homem que retirou o espinho da pata do animal e por isso o leão poupou-lhe a vida na arena. Existe uma história semelhante sobre um leão e um rato, mas nesse caso foi o leão que usou de bondade em vez de crueldade, e por isso recebeu a sua recompensa.

Sekhmet, a deusa com cabeça de leão da mitologia egípcia, foi enviada por Rá para punir a humanidade por suas iniqüidades. Neste caso, porém, Sekhmet extrapolou, até ser necessário detê-la para que não aniquilasse a raça humana. Rá conspirou com os deuses, e ela foi detida. Eles a detiveram embriagando-a, a propósito — usando água para deter um incêndio fora de controle!

Na vida real, a caçadora é a *leoa*, mais feroz, e esse é um simbolismo ainda melhor, pois Geburah é a esfera do meio no Pilar Feminino.

Alguns desenhos de Tarô antigos mostram Hércules, ou outro homem forte, matando o leão. Mitologicamente, um simbolismo interessante, mas não muito bom para este caminho porque ele mostra a força superando a força.

As cartas mais recentes representam uma jovem controlando calmamente o leão. No meu baralho, ela segura uma fita que envolve o pescoço da leoa — uma fita que poderia romper-se com facilidade. A leoa lambe o rosto da jovem com carinho, enquanto controla uma serpente sob as patas. A serpente não está morta, mas não consegue alcançar a jovem e, por isso, está controlada.

Assim também a força e a severidade são controladas e equilibradas pelo afeto e pela brandura, e a suavidade é fortalecida e protegida pela força. Essas lições são aprendidas neste caminho. Vamos da Severidade de Geburah, livres de tudo o que é desnecessário, ou temporário, para receber a Misericórdia de Chesed. Vamos da suavidade que aprendemos em Chesed para ganhar a Força de Geburah.

O citrino, uma forma de quartzo dourado, é uma pedra de fluxo: para dentro e para fora, para a frente e para trás. Ela pode fazer as coisas fluírem para a sua vida ou para fora dela. Medite sobre ela ou imagine-se como uma ou outra das figuras da carta e aprenda sobre este caminho. Reflita também sobre a flexibilidade e a força da serpente.

O girassol, também atribuído ao 30º Caminho, faz sentido aqui. Enquanto o Sol dá vida à planta, o crescimento do seu caule acontece na sombra. O conhecimento pode provir da Luz — conhecimento *é* Luz — mas os Mistérios não são aprendidos tão diretamente. À noite você não pode sentir os raios da Lua, mas eles estão lá, e eles oferecem outro tipo de luz, outro tipo de conhecimento. Este caminho é também um lembrete de que, no seu trabalho, o conhecimento não é suficiente. Embora seja importante, ele é apenas metade do que você precisa conseguir; ele ensina só a metade das lições. Essas lições são parte dos componentes do crescimento, mas você precisa trabalhar para receber as outras lições — as mais difíceis, as ocultas.

Esse equilíbrio, esse fluxo e refluxo, *é* o "segredo de todas as atividades dos seres espirituais"; na verdade, da Árvore em si. Energia e forma, expansão e restrição, Misericórdia e Força, mente e alma — a obtenção do equilíbrio é a essência da Árvore, dos deuses, da eternidade.

O 16º CAMINHO

CHOKMAH — CHESED

A SABEDORIA DA COMPAIXÃO
A COMPAIXÃO DA SABEDORIA

LETRA: Vau, prego
CARTA: O Sumo Sacerdote (O Hierofante)
ATRIBUIÇÃO ASTROLÓGICA: Touro
CORES CINTILANTES: Laranja-avermelhado
                               Índigo-escuro forte
                               Verde-oliva cálido
                               Marrom intenso
FIGURA MITOLÓGICA: O Rei Pescador
PLANTA: Liquidâmbar
PERFUME: Estoraque
JÓIA: Topázio
ANIMAL: Touro

> "O Décimo Sexto Caminho é a Inteligência Triunfante ou Eterna, assim chamado porque ele é o Prazer da Glória além da qual não há Glória igual, e é também chamado de Paraíso preparado para os justos."

Este é o caminho entre Chesed e Chokmah — a Esfera do Pai e a Esfera dos Anciãos, o governante benevolente. Este é um dos caminhos em que a Força pura chega a nós como realidade física e espiritual.

A carta atribuída a este caminho é O Sumo Sacerdote, pois uma das funções do Sacerdote é atrair energia para o círculo durante o ritual.

Em alguns grupos de magia cerimonial e seus antecessores, o Sumo Sacerdote, ou Hierofante, era a figura principal no ritual e nas práticas de magia. Uma "pitonisa" o assistia para usar a energia atraída; ela estava presente simplesmente porque se acreditava que devia estar presente. O Sacerdote atrai a energia, mas é a Sacerdotisa que lhe dá forma.

Por outro lado, em algumas tradições da Arte, importante para o ritual é a Grã-Sacerdotisa, e a presença do Sacerdote só é permitida para que ele contribua com energia.

Em muitas tradições, inclusive a minha, predomina a convicção de que ambos são necessários e iguais, do mesmo modo que forma e força são iguais e equilibradas na Árvore.

O Rei Pescador e o seu país estavam doentes porque a saúde de um dependia da saúde do outro. Ele era a energia da sua terra, a sua força, a sua fertilidade. Enquanto ele não se recuperasse, a terra não poderia produzir frutos.

A Atribuição Astrológica deste caminho é Touro. Esse animal robusto, fértil e cornífero é sagrado para muitos deuses, entre muitos povos. Junto com outros animais corníferos — o veado, o alce e a rena — o touro simboliza a força masculina, o Deus, o Cornífero, e pertence portanto a este caminho, onde essa força vital é enviada para a Terra.

O símbolo do signo de Touro, um círculo encimado por uma lua crescente, mostra-nos novamente a função de um sacerdote — a lua crescente é a receptividade de Chesed à energia de Chokmah; o círculo representa tanto o controle quanto o nosso círculo mágico.

A carta do Tarô mostra um Sumo Sacerdote voltado para a direita, com um athame suspenso sobre um cálice. Acima da sua mão, podemos ver que o cabo do punhal tem na sua extremidade o símbolo de Touro. O Sacerdote está para introduzir o athame no cálice, realizando assim o Grande Rito simbólico: a união do Senhor e da Senhora — a energia, a força do Masculino levada ao útero, a forma do Feminino.

O topázio é uma pedra de energia criativa, como é este caminho. O caminho abaixo deste conduz a Netzach, que é a Esfera da Energia Criadora. Essa energia procede de Chokmah, passa por Chesed e chega a Netzach sob a forma de idéias criativas que podemos concretizar.

A atribuição do estoraque como perfume do 16º Caminho mostra que as energias aqui representadas encontram-se também em Hod, embora tenhamos de passar para o pilar esquerdo através de Tifareth, pois o mesmo perfume encontra-se lá. O estoraque provém da planta liquidâmbar.

Homens e mulheres podem tirar proveito da meditação sobre este caminho. A meditação ajuda a conhecer a energia que é *quase* força pura, Masculino puro. Se você se imaginar como o Sacerdote, que nesse momento representa o Deus e a Sua Energia, vertendo essa energia no cálice (que é o caldeirão, o graal, o útero, a Deusa), você pode obter o conhecimento do Deus e ainda mais.

Depois disso, imagine-se como a Sacerdotisa invisível que segura a taça.

Sugiro mais um tema para meditação. Na minha tradição, a Sacerdotisa segura o athame e o Sacerdote segura a taça. Pense sobre isso e, se ainda não o fez, procure compreender por quê.

Embora não haja um caminho que ligue Binah, a Esfera da Forma, a Chesed, isso não significa que não exista troca de energia entre elas. Os caminhos simbolizam experiências espirituais, e pode muito bem ocorrer que, depois de completado o trabalho em Chesed, não haja outras experiências possíveis, mas o Espírito age a seu modo para completar a jornada. Chesed, portanto, contém aspectos de forma de Binah, e a energia de Chokmah é acrescentada à forma de Binah para criar os arquétipos de Chesed — do mesmo modo que a energia de Netzach é acrescentada às formas de deus de Hod.

Chesed é a primeira esfera que podemos começar a compreender, e a Vontade Triunfante, o Eterno, rejubila-se na criação que acontece. Quando subimos por este caminho, depois de dedicar tempo como Anciãos no que se poderia chamar de Nirvana, nós também nos regozijaremos no nosso Triunfo e no nosso reconhecimento da nossa própria vida eterna.

O 18º CAMINHO

BINAH — GEBURAH

A COMPREENSÃO DA FORÇA
A FORÇA DA COMPREENSÃO

LETRA: Cheth, cerca
CARTA: O Carro
ATRIBUIÇÃO ASTROLÓGICA: Câncer
CORES CINTILANTES: Âmbar
Marrom
Castanho-avermelhado vivo
Marrom-esverdeado escuro
FIGURA MITOLÓGICA: Apolo/Faetonte
ANIMAL: Esfinge
PERFUME: Onicha
JÓIA: Âmbar

"O Décimo Oitavo Caminho é chamado Inteligência da Casa da Influência (por cuja grande abundância o influxo das coisas boas sobre os seres criados é aumentado); do seu meio são extraídos os arcanos e os sentidos ocultos, os quais habitam na sua sombra e a ela se unem desde a Causa de todas as causas."

Este caminho liga Binah, a Mãe, a Idéia da Forma, a Geburah, o que restringe, o Salão do Karma. Nele encontramos a carta O Carro. Em marchas triunfais, o carro é um trono sobre rodas — os anjos de Binah são movidos pelos anjos de Chokmah, ou inversamente, os anjos de Chokmah são dirigidos pelos anjos de Binah.

O carro movimenta-se para a frente e simboliza direção. Nenhuma esfera além de Kether é uma coisa pura, e todos os caminhos mostram os efeitos de uma esfera sobre outra.

A atribuição de Apolo se justifica aqui não só porque ele dirigia a carruagem que era o Sol, mas porque a dirigia numa órbita específica, uma órbita situada não muito longe nem muito perto da Terra. Era a órbita precisa, de modo que a Terra e os seus habitantes floresceram em sua luz geradora de vida. O filho de Apolo, Faetonte, não compreendia, e não conseguia controlar os valentes heróis que puxavam o carro. Quando ele o dirigia, partes da Terra queimavam e partes congelavam. A direção, a restrição, não tem o objetivo de frustrar-nos, de restringir nossos espíritos livres, mas de tornar as nossas energias e as nossas ações úteis e construtivas.

O Carro mostra forma no sentido de direção, o que acontece também com a Atribuição Astrológica de Câncer, o Caranguejo. Os crustáceos têm o esqueleto na parte externa do corpo, forte e protetor, uma das formas mais primitivas de proteção. Eles também foram uma das primeiras formas de vida nos mares, e este caminho flui para o Grande Mar (e dele reflui) que é Binah, o Útero da Vida. Onicha é feito da carapaça de certos animais marinhos.

Binah e Chokmah interagem, e a vida surge. No pilar encimado por Binah, essa vida toma forma e direção, assume movimento. No pilar encimado por Chokmah, a energia recebe direção.

Cheth, a letra hebraica atribuída a este caminho, significa "cerca", representando restrição, a construção de uma concha (ou forma) externa, de modo que as energias internas podem ser controladas e aproveitadas positivamente.

O 18º Caminho é chamado Inteligência da Casa da Influência, refletindo o 12º Caminho, cuja letra é Beth, casa. Como se verá, este caminho, entre outros aspectos, tem a ver com visões e adivinhação, e vemos isso refletido aqui. Da Esfera da Compreensão procede o conhecimento oculto que ansiamos alcançar. Ao longo deste caminho, a Deusa não somente envia a criação, mas também, como Rainha de todas as Bruxarias, transmite-nos o conhecimento mágico, que podemos aprender quando ele chega a Hod, a Esfera do Aprendizado. (A iluminação procede de Tifareth e a energia para processar nossa magia procede de Netzach.)

A carta mostra um carro, parecendo-se muito a um trono sobre rodas, puxado por uma esfinge branca e outra negra. A esfinge que conhecemos pela lenda exigia dos viajantes a resposta a um enigma; só assim eles podiam passar. Pôr o freio numa esfinge significava controlá-la, usá-la. O controle de uma esfinge branca e uma negra mostra uma compreensão tanto da energia quanto da forma, à medida que o cocheiro segue em frente, subindo ou descendo pelo caminho. Descendo, usamos tanto a energia quanto a forma, e vamos ao encontro dos nossos vários destinos nesta encarnação. Subindo, levamos conosco o que aprendemos, podendo assim ser dignos do Deus e da Deusa de quem somos parte.

Ao meditar sobre esta carta, imagine-se segurando as rédeas. Como você se sente controlando as poderosas esfinges? O que cada uma delas significa? Se uma puxa mais do que a outra, tente compreender o que acontece com a mais lenta. Talvez você precise trabalhar sobre esse ponto.

Do mesmo modo que para obter a sua habilitação de motorista você precisou provar que tem capacidade para controlar um carro de grande peso e de responsabilizar-se pelo uso adequado desse carro, assim as suas capacidades de magia, o seu controle do Carro, implicam responsabilidade pelo seu uso adequado. Em Geburah você tem a experiência da Visão do Poder e toma consciência das responsabilidades que ele lhe dá. O mau uso dessa força pode prejudicar a você e aos outros. Permita que a visão dessa carta o relembre sempre de usar esse poder da melhor maneira possível.

O 15º CAMINHO

CHOKMAH — TIFARETH

A SABEDORIA DA BELEZA
A BELEZA DA SABEDORIA

LETRA: Heh, a janela
CARTA: O Imperador
ATRIBUIÇÃO ASTROLÓGICA: Áries, o Carneiro
CORES CINTILANTES: Escarlate
                       Vermelho
                       Escarlate brilhante
                       Vermelho vivo
FIGURA MITOLÓGICA: Gilgamesh
PLANTA: Gerânio
JÓIA: Rubi

"O Décimo Quinto Caminho é a Inteligência Constitutiva, e é chamado assim porque constitui a substância da criação em escuridão pura, e os homens falam das contemplações."

Tifareth recebe de Chokmah sua energia vital pura, sua força, sua motivação ao longo do caminho.

A carta de Chokmah é o Imperador. O que é um imperador? É o governante de um império, em geral um governante absoluto. Um império era formado por mais de um reino; portanto, um imperador estava acima dos reis. Os reis só tinham poder através do imperador. Assim, todas as facetas do Deus refletem o Seu poder — o poder de Chokmah.

Tifareth é também chamada de Soberania, e esse nome é o resultado de energias ao longo deste caminho.

Com perdão pela analogia, a energia deste caminho é o Ar que enche o balão, a forma, fornecida por Binah.

Uma das Experiências Espirituais de Tifareth é a Visão da Harmonia das Coisas, uma versão reduzida da Visão da Fonte que procuramos, a Experiência Espiritual de Chokmah. Embora eu esteja convencida de que o trabalho espiritual não se torna mais fácil quando chegamos à experiência deste caminho, sem dúvida ganhamos força à medida que subimos, pois temos vislumbres do nosso objetivo último. E quanto mais próximos estivermos de nos unir à nossa Fonte, esses vislumbres nos motivarão — nos darão energia para continuar a jornada.

A letra Heh significa "janela", e simboliza esses vislumbres, essas visões que nos conduzem, instigando-nos sempre à frente. Olhe para o céu através da janela. Do seu espaço controlado e restrito em sua casa, você vê um céu que parece continuar sempre — que *continua* infinitamente. Você pode ver apenas parte dele, não só porque a sua visão está limitada pela janela, mas também porque os nossos olhos têm uma visão restrita, limitações físicas. Existem planetas lá fora, e outros sóis, que só vemos como estrelas.

A visão de Tudo o que É, do Deus e da Deusa, do que está além do pensamento, além da visualização, é necessariamente restrita para nós. Nós vemos com clareza só uma existência, embora saibamos que existiram outras, que existirão outras. Entretanto, a visão que temos é a visão que podemos usar nesta existência.

Antigamente, o aldeão comum não via muito além do seu pedaço de terra, da sua cozinha. Um soldado podia ter uma visão mais ampla da sua profissão. Imagine a diferença entre a visão de um aldeão e a visão de um imperador. Assim, este caminho leva a coisas que estão bem além da nossa visão, por mais ampla e abrangente que acreditemos que ela seja.

O símbolo deste caminho é Áries, o Carneiro, e ele se aplica em diversos níveis. O símbolo de Áries mostra uma linha que desce e que torna a subir, representando o modo como percorremos a Árvore.

Os que nasceram sob o signo de Áries são conhecidos como pioneiros, incentivadores, iniciadores; e a energia deste caminho é essa energia pioneira — instigadora, iniciadora, impulsionadora. É um caminho que inspira, ou melhor, que *cria* inícios, pois provém da Força Primordial, e Áries é o signo que traz o início da Primavera. Áries é regido por Marte, e neste signo o Sol é exaltado.

Embora o elemento Fogo tenha atribuições em outras Esferas, sua energia está muito presente aqui. Observe as cores do caminho, as várias tonalidades de vermelho, inclusive o escarlate brilhante. Tanto a planta quanto a jóia são em tons de vermelho.

Os nativos de Áries têm a fama de serem sensíveis à música marcial. Como ariana, sou testemunha de que é verdade. Acho isso estimulante. Não se trata de um desejo de ir para a guerra, mas o meu sangue ferve, leva-me a querer sair e a fazer *alguma coisa*.

Essa força vital tem relação também com a cura, e esse aspecto está refletido em Tifareth. Binah dá a forma correta, e este caminho a força vital.

É possível que você já conheça uma das melhores meditações para este caminho. Combine alguma música estimulante (por exemplo, a *Abertura 1812*, uma gravação em que são usados canhões em vez de címbalos) e a visualização feita no começo da Cruz Cabalística. Enquanto a música toca, imagine que está ficando cada vez maior. A sala está a seus pés, a cidade está a seus pés... o seu estado, o país. Você consegue ver ambas as costas do nosso continente (ou ilha, se for apropriado)... Agora a Terra está a seus pés. Continue crescendo até que todos os sóis se transformem nos menores pontos de luz na escuridão que o cerca. Ouça a música e sinta!

Ao atribuir Gilgamesh a este caminho, sou influenciada tanto pelas traduções da lenda como pela versão ficcional feita por Robert Silverberg. Durante o seu reinado, Gilgamesh era a essência mesma da energia, vitalizando o seu povo e o seu reino. Sua força era lendária, e era costume no seu país que o rei realizasse o Grande Rito com a sacerdotisa representante de Ishtar. Ele era o Deus para o seu povo, e ela a Deusa.

Houve um tempo em que ele a rejeitou, achando que podia governar e servir a seu povo sozinho. Estava errado, naturalmente, pois então se instalaria o desequilíbrio. Mas mesmo isso ajuda a nos lembrar a lição do equilíbrio ensinada pela Árvore da Vida e pela Arte.

O 17º CAMINHO

BINAH — TIFARETH

A COMPREENSÃO DA BELEZA
A BELEZA DA COMPREENSÃO

LETRA: Zain, espada
CARTA: Os Amantes
ATRIBUIÇÃO ASTROLÓGICA: Gêmeos
CORES CINTILANTES: Laranja
                                        Malva esmaecido
                                        Marrom-escuro
                                        Cinza-avermelhado, tendendo para o malva
FIGURA MITOLÓGICA: Castor e Pólux
JÓIA: Alexandrita

"O Décimo Sétimo Caminho é a Inteligência Ordenadora que infunde Fé nos Justos, que por ela são revestidos no Espírito Santo, e ele é chamado de Fundamento da Excelência no estado das coisas superiores."

A Atribuição Astrológica para este caminho é o signo zodiacal de Gêmeos. Segundo a lenda, esses gêmeos tinham a mesma mãe, mas Pólux era filho de Zeus e Castor filho de um mortal. Por isso, eles simbolizam a nossa Personalidade e a nossa Individualidade. Eles refletem um ao outro.

A carta para este caminho é Os Amantes, um nome que deu margem a muitos erros de interpretação, pois tendemos a considerar como amantes somente os que estão envolvidos romanticamente. Amante é alguém que ama, o que inclui todos os relacionamentos amorosos, mesmo a tríplice relação aqui representada.

Há três figuras na carta: um casal em primeiro plano, observado por um ser "celestial". O casal — um homem e uma mulher — estão de mãos dadas, como as duas crianças na carta O Sol atribuída ao 30º Caminho, paralelo a este. O homem olha para a mulher, e esta para a figura no alto — e os três personagens são você. O homem é a sua Personalidade, a mulher é a sua Individualidade e o terceiro componente é o seu Espírito.

Muitas pessoas que passaram pela experiência da morte clínica e recuperaram a consciência disseram ter visto um ser de luz reluzente e ter recebido desse ser um fluxo de amor impossível de descrever. Esse ser resplandecente é o seu Eu Interior, a sua Individualidade. Naturalmente, ele só poderia passar-lhe amor. Ele é você. E não o você com todos os medos, problemas e limitações próprios da sua Personalidade. É o você sem medos, sem fobias, sem ódios. Ele conhece os motivos da sua Personalidade atual, conhece as coisas que você esconde de você mesmo, boas e más. Ele o compreende e o ama. Esse amor é algo que você deve aprender da sua Individualidade.

Mas há alguém mais. O seu Espírito, que está para a sua Individualidade como a sua Individualidade está para você, observa desde a Esfera da Deusa, e a energia flui dessa esfera para este caminho a fim de trazer forma e compreensão à Esfera de Tifareth. Em Tifareth, você obtém a compreensão das esferas superiores (até certo ponto). Você vê a Harmonia das Coisas e compreende o sacrifício. Os caminhos para Tifareth convergem para o centro da Árvore, simbolizado pelo centro do nosso sistema solar, o Sol.

Neste caminho, você recebe a energia do Caminho do Imperador e a capacidade para lidar com ela. Retomando a minha analogia inicial, o balão (a forma fornecida por Binah) recebe o ar quente de Chokmah (Senhor, perdoa-me) e, assim, eleva-se às alturas.

O que leva os iluminados a continuar, apesar das adversidades? Por que eles prosseguem apesar de tudo, inclusive da morte possível (ou será certa)? Eles viram a Visão da Harmonia das Coisas — a visão dada por este caminho, que infunde "Fé nos Justos".

Não somos todos iluminados ou reis sagrados, mas podemos fazer menos do que temos condições de fazer? A nossa missão nesta existência pode ser tão-somente a de iluminar *a nós mesmos*, mas essa é uma missão excelente e importante, pois a cada passo que damos levamos toda a humanidade uma fração infinitesimal à frente.

Todos temos consciência da nossa Personalidade. De fato, parte do nosso trabalho espiritual consiste em aprender tudo o que podemos sobre essa Personalidade, suas forças e fraquezas, pois só conhecendo a nós mesmos podemos dirigir o nosso crescimento.

Temos certa consciência da existência da nossa Individualidade. Em geral, temos condições de conhecer apenas as coisas que podem ser úteis nesta vida, mas pelo menos reconhecemos que algo existe além da nossa personalidade.

A meditação sobre esta carta pode ser proveitosa para aprender mais sobre a Individualidade e a existência do Espírito.

Fique algum tempo imaginando que você é uma das três figuras da carta, começando com o homem, a sua Personalidade. (Se você for mulher, faça isso também. Nessa posição na Árvore, o sexo físico é irrelevante.) Em seguida, passe para a Individualidade, e por fim para o Espírito.

Você provavelmente percebeu que existem muitos tópicos repetidos na lista de correspondências. O aprendizado e o crescimento, a razão das experiências em todos os caminhos, têm duas facetas. Cada um é a um tempo um ganho e uma perda. Cada um pode ser um prazer e um sofrimento.

Ganhar conhecimento é uma perda de ignorância e, lamentavelmente, quantas vezes quisemos poder voltar à ignorância. De muitas formas, é muito mais fácil *não* saber tudo o que constitui a existência.

Aprender que outras pessoas são reais, que têm sentimentos, é ganhar um senso de responsabilidade, mas é também uma perda — pois você não pode mais dar rédea solta aos seus sentimentos, às suas ações, às suas palavras.

Aprender sobre o mundo além, o mundo das coisas espirituais, é um ganho inapreciável. Entretanto, às vezes já me surpreendi desejando desconhecê-lo — lamentando ter ficado sabendo da sua existência, porque, depois de obter propósito e direção, perdi a liberdade de deixar a minha vida seguir, de fluir com o rio, apenas acompanhando o seu movimento. Depois de encontrar direção e propósito, de ter um vislumbre do que existe quando o rio chega ao fim, preciso nadar — e nem sempre a favor da corrente.

A letra hebraica Zain significa "espada". Embora não seja feita nenhuma referência ao tipo de espada, eu *sei* que é uma espada de dois gumes, que pode cortar de ambos os lados. Ela pode defender e atacar. Ela pode cortar laços e matar. Como a espada de Geburah, ela é também o bisturi do cirurgião. Ela pode abrir um abscesso.

A jóia deste caminho é a alexandrita. Em sua forma bruta, ela parece uma pedra, apenas uma pedra. Se você fosse joalheiro, você poderia cortá-la, dar-lhe facetas, poli-la, transformá-la numa jóia, numa bela jóia vermelha.

Mas a alexandrita é uma pedra mais interessante do que isso, pois, se você expuser essa adorável jóia vermelha à luz pura do sol, algo milagroso acontece: à luz do sol, a alexandrita é uma bela esmeralda verde. Essa transformação (embora haja razões científicas que a justificam) é um tema de meditação por si só. O que ela significa?

O 17º Caminho, e os dois outros que cruzam o 19º, são reflexos dos três caminhos a que nos referimos como as Noites Escuras da Alma. Esses três cruzam o Abismo entre o Triângulo Supremo e o restante da Árvore. As experiências que oferecem não são fáceis, como aliás não é fácil tudo o que merece ser conquistado.

O 13º CAMINHO

KETHER — TIFARETH

A COROA DA BELEZA
A BELEZA DA COROA

LETRA: Gimel, camelo
CARTA: A Grã-Sacerdotisa
ATRIBUIÇÃO ASTROLÓGICA: A Lua
CORES CINTILANTES: Azul
Prata
Azul pálido frio
Prata raiado de azul
FIGURA MITOLÓGICA: Diana, Ísis
JÓIA: Pedra-da-lua (adulária), pérola

"O Décimo Terceiro Caminho é chamado Inteligência Unificadora, porque ele é a Essência da Glória; ele é a Consumação da Verdade dos seres espirituais individuais."

Uma recomendação antiga diz que não se deve olhar para o Sol, mas que se pode olhar para a Lua.

A atribuição da Lua para este caminho simboliza essa recomendação, e também este ditado: "A Lua revela a presença do Sol, mesmo quando ele está invisível."

A luz que é Kether é invisível aos olhos humanos, e ela percorre este caminho até Tifareth, a Esfera do Sol. Mesmo essa luz é intensa demais para os humanos, e por isso ela continua descendo pela Árvore até Yesod, a Esfera da Lua; para esta podemos olhar.

No paganismo, freqüentemente usamos o símbolo do Sol para o Deus e o da Lua para a Mãe, a Deusa. Esses simbolismos são apropriados, mas devemos sempre nos lembrar de que nada é somente masculino ou somente feminino — não no nível físico. Existem também Deuses Lunares e Deusas Solares.

Adotamos símbolos para tentar entender o que está além da compreensão. Tantos podem ser os significados dos símbolos, a ponto de não se conseguir explicá-los em palavras. Nenhum símbolo tem apenas um significado.

O Pilar Central é uma síntese do que é Masculino e do que é Feminino, e mesmo esses termos não são suficientemente específicos, ou são específicos demais. Como se pode explicar o Incognoscível?

Mas tentamos, e às vezes aprendemos e somos capazes de partilhar esse aprendizado com os outros. Um modo de fazer isso é através do procedimento "Puxar a Lua para Baixo", realizado em nossos Rituais Lunares.

Pedimos à Deusa que se incorpore na Sacerdotisa para que Ela, se for do Seu agrado, nos dirija a Sua palavra. Este é um aspecto grandioso da nossa Arte que a torna tão preciosa — podemos falar com a Senhora, segurar a Sua mão, ouvir as Suas palavras, ser sustentados em Seus braços, chorar sobre o Seu peito.

Este é um dos muitos deveres de uma Sacerdotisa. Em grupos menores, este rito geralmente é realizado pela Grã-Sacerdotisa, que serve de canal para que a Senhora venha a nós.

Assim também o 13º Caminho serve de canal para que Aquele que É, Kether, venha a nós através de Tifareth. Tudo isso está presente na carta A Grã-Sacerdotisa. Ela está de pé, na posição da Sacerdotisa, com uma coroa em forma de lua crescente. Na perna esquerda, ela usa a liga que simboliza a sua posição hierárquica. No fundo, uma árvore branca e uma árvore preta simbolizam os dois pilares que a flanqueiam. Ela é a Sacerdotisa da Estrela Prateada, a estrela Sirius, o Sol atrás do nosso Sol.

Este é outro caminho "crucial", como o 25º, e outra "Noite Escura da Alma". Se você viveu a experiência do 25º Caminho, procure imaginar *esta* Noite Escura. O 25º Caminho afeta a Personalidade, e lá a luz do Sol atinge como um raio o âmago dessa Personalidade. Mas este caminho está além da Personalidade. Essa é a Noite Escura que afeta a Individualidade, e para aproximar-se dela, você passa pelo Sol e chega ao seu outro lado.

A luz que o penetra aqui é o Sol atrás do Sol, o poder atrás do poder; a experiência é infinitamente maior.

O Dr. Regardie atribui a este caminho o arco e a flecha. Há tradições que celebram a Lua Nova, não na primeira noite, mas na terceira, quando a foice delgada da Lua aparece no céu. Essa Lua Nova é chamada de "Arco de Diana". A Caçadora se posiciona e dispara uma flecha flamejante através dos céus. E não se engane, meu amigo, a flecha aponta diretamente para o seu coração. Do mesmo modo que a morte ritual é vivenciada na iniciação do Segundo Grau de muitas tradições da Arte, assim novamente encontramos a morte nestes três caminhos. Não é uma morte que pode ser experimentada no ritual, pois as iniciações dadas aqui estão muito além da capacidade dos professores humanos. Mas ela é sofrida mesmo assim, e ela precede outro nascimento, como acontece com todas as mortes.

Acho possível supor que quase todos nós *imaginamos* a experiência deste caminho, pois ele está no nosso futuro (no meu, sem dúvida). Entretanto, podemos extrapolá-lo um pouco a partir dos caminhos do Pilar Central que o precedem.

O 32º Caminho, além de ser experimentado no nascimento e na morte, é percorrido com a compreensão de que existe um mundo além do qual podemos ver com os nossos olhos e ouvir com os nossos ouvidos. Esse passo adiante, quando dado, amplia a nossa visão da vida. Vemos que a Lua é um mundo real, não simplesmente uma luz no céu.

O 25º Caminho, de Yesod a Tifareth, além de nos ensinar sobre nós mesmos (e nós *somos* parte de todos esses mundos), ensina-nos algo a respeito do Sol, amplia a nossa visão ainda mais.

Quando chegamos a Tifareth e aprendemos as suas lições, estamos prontos para a experiência do 13º Caminho. Mas, para aprender as lições de Tifareth, precisamos passar pelo Sol — através desse Fogo que é infinitamente maior do que qualquer fogo conhecido na Terra. O Fogo Espiritual, como o conhecemos, que arde e nos tempera e purifica, é uma chama de vela em comparação com a luz deste Sol de Tifareth. Chegamos ao 13º Caminho e nos defrontamos com um Sol, um Fogo ainda maior, e um fogo que não acredito possamos imaginar, a não ser muito palidamente.

No entanto, da mesma forma que a presença da Deusa é "filtrada" através da Grã-Sacerdotisa, de modo que apenas uma pequena parte da Sua Presença e Majestade chega a nós (pois, do contrário, seríamos destruídos, e também para proteção do corpo da Sacerdotisa), assim a Sacerdotisa da Estrela Prateada nos traz somente o que temos condições de administrar, não mais.

A atribuição do camelo nos ensina outra lição. Em geral, um camelo só é visto como belo por outro camelo, mas para os povos do deserto, um camelo pode representar vida. O 13º Caminho é um deserto, ou assim parece, e um animal de carga assim tão belo/feio pode simbolizar a nossa passagem por esse deserto. Esse "camelo" pode ser diferente para cada um de nós, mas, com a ajuda e o amor do Senhor e da Senhora, e com aquele "algo interior" representado pelo camelo, nossa Individualidade finalmente percorrerá este caminho com sucesso.

Imagine-se sendo alguém cuja vida depende dessa criatura tosca, como um habitante do deserto. Procure ver a beleza do camelo em sua utilidade. Fazendo isso, talvez você possa encontrar a sua verdadeira beleza como um filho da Deusa, *como* a Deusa.

Imagine-se como alguém que precisa cruzar um deserto que parece não ter fim. Olhe para dentro de si para encontrar a sua força especial.

Ou imagine-se como a Grã-Sacerdotisa da carta. A Grã-Sacerdotisa do meu baralho não está sentada serenamente com um livro no colo. Qualquer líder de grupo sabe que, para ter sucesso, passa-se muito pouco tempo fazendo alguma coisa serenamente. Esta Grã-Sacerdotisa é forte e sabe disso. Ela é forte porque precisa sê-lo, e porque os Deuses sempre lhe dão a força para você fazer o que precisa. Do mesmo modo que a Grã-Sacerdotisa da Carta está pronta para realizar o seu trabalho, assim você deve fazer tudo o que seja necessário para crescer. Você tem a força. Você tem tudo o que precisa. Os Deuses lhe deram tudo. Use esse tudo.

O 14º CAMINHO

CHOKMAH — BINAH

A COMPREENSÃO DA SABEDORIA
A SABEDORIA DA COMPREENSÃO

LETRA: Daleth, porta
CARTA: A Imperatriz
ATRIBUIÇÃO ASTROLÓGICA: Vênus
CORES CINTILANTES: Verde-esmeralda
Azul-celeste
Verde do início da primavera
Rosa brilhante ou cereja raiado de verde pálido
FIGURA MITOLÓGICA: Mut
PLANTA: Roseira (para cor)
JÓIA: Esmeralda (para cor)

"O Décimo Quarto Caminho é a Inteligência Iluminadora, e recebe esse nome porque ele é o Abissal criador das idéias ocultas e fundamentais de santidade e dos seus estágios de preparação."

Como Chokmah e Binah representam o Deus e a Deusa em seu aspecto mais espiritual, e conseqüentemente menos físico, assim o 14º Caminho representa o encontro do Deus e da Deusa no nível mais elevado — a idéia de vida.

Este é o mais elevado dos caminhos recíprocos e, como os demais, representa equilíbrio. Este caminho é o equilíbrio último, a polaridade que é a própria base da Arte. Adoramos tanto o Masculino quanto o Feminino na Divindade, a força e a forma, os fluxos e os refluxos.

A Atribuição Astrológica deste caminho é Vênus: o Círculo, símbolo de Kether, e a cruz de braços iguais — manifestação. Kether é o princípio de tudo, e através do equilíbrio neste caminho, a vida inicia, a manifestação se torna possível.

Isso está representado na carta A Imperatriz, governante, rainha. Em muitos baralhos, inclusive no meu, ela é representada grávida.

Como você deve se lembrar, a Imagem Mágica para Yesod é um belo homem despido, porque Yesod contém em si o potencial para a vida física. Embora o potencial masculino para gerar seja mais evidente fisicamente do que o feminino, o potencial da mulher tem a mesma grandeza. Aqui, como símbolo da criação da vida, temos uma mulher com um filho, embora a geração da vida envolva tanto o Deus quanto a Deusa. Ela é a Deusa como Mãe, mas também o Deus como Pai.

A Deusa egípcia Mut simboliza tudo isso em algumas imagens que a representam. O seu nome significa "Mãe", sendo-lhe atribuída a origem de tudo o que existe. Uma das expressões a retratava com cabeça de homem, corpo de mulher, e com um falo. Os antigos egípcios expressavam assim a sua versão da Imperatriz, do 14º Caminho.

A meditação sobre essa Senhora, às vezes também conhecida pelo nome de Sekhet-Bast-Ra, pode ajudá-lo a compreender este conceito. Sua forma masculina/feminina era mais do que uma mistura de homem e mulher. Essa descrição, extraída de *The Gods of the Egyptians*, de E. A. Wallis Budge, é um ótimo tema para reflexão:

"Ela tem uma cabeça de mulher, de leoa, de abutre, e tem um falo, duas asas e as patas de um leão ou leoa."

A Imperatriz da carta está cercada pela natureza, pois a vida, e portanto a Divindade, não está manifesta apenas na humanidade, mas em todas as coisas.

Em *The Garden of Pomegranates*, o Dr. Regardie se pergunta por que os antigos associavam as deusas do amor às deusas da agricultura. Creio que os pagãos não têm dúvidas com relação a isso, pois reconhecemos que a energia representada pelo amor é fertilidade — não só fisicamente, mas espiritualmente. Todas as coisas são energia, e o seu crescimento e reprodução, embora ocorram de maneiras diferentes, fazem parte da criação em constante mudança representada pela Imperatriz.

Quando o Espírito passa de Binah a Chokmah, há nessa passagem uma forma de nascimento, pois o Espírito nasce da forma para outro tipo de vida: energia pura e sem forma.

Embora Chesed seja chamada de "morada" dos que estão livres das encarnações físicas, os Anciãos ainda estão presos a uma Individualidade dessa espécie. Quando morremos para o corpo físico, nascemos para a liberdade sem um corpo. Quando sofremos a morte da Personalidade, nascemos para o conhecimento da Individualidade. A morte da Individualidade é um nascimento para o Espírito.

Aqui a morte do Espírito é a perda da restrição final e um nascimento para a pura força. Em Chokmah preparamo-nos para o caminho final e para o nascimento final, o mais grandioso.

O Espírito desce pelo caminho e a força toma forma; o esperma entra no útero e o nascimento se torna possível.

Este caminho é a porta da vida, como Malkuth é o Portão de entrada e de saída da manifestação física. Como Malkuth leva para a vida em ambas as direções, o mesmo faz esta porta, pois a diferença aqui é o tipo de vida a que nos referimos. Novamente temos uma situação de nascimento/morte e morte/nascimento, uma vez que a travessia desta porta (ou daquele portão) nos leva à vida seja qual for o caminho que tomemos.

Para meditar sobre esta carta, imagine-se como a criança no ventre da Imperatriz. Sinta-se envolto pelo útero, flutuando no líquido. Ouça a batida do coração da Imperatriz.

Você também pode meditar sobre a união do Deus e da Deusa para criar essa criança. Imagine-se como o esperma que representa a força, e/ou como o ovo que representa a forma. Veja-se como ambas as coisas, uma para cada metade de você mesmo, e sinta a alegria presente na totalidade dessa união.

Visualize-se como a Imperatriz, que é Deus e Deusa ao mesmo tempo, conservando a idéia de vida no seu ventre.

Esta é a Inteligência Iluminadora, a Inteligência Brilhante que criou as idéias ocultas e fundamentais de santidade e dos seus estágios de preparação. Quando percorremos este caminho em direção à manifestação, tudo o que seremos e realizaremos está contido nessa centelha. Nossa descida e depois subida pela Árvore estão preparadas para nós, embora o método e velocidade da caminhada dependam de nós. O Texto fala de "idéias de santidade e dos seus estágios de preparação". Cada movimento que fazemos, cada passo que damos, grande ou pequeno, tem o potencial para a santidade. Cada passo espiritual à frente é um estágio de preparação para a santidade que estamos tentando alcançar. A maior santidade de todas é ser um com o nosso Senhor e Senhora, e para alcançar esse objetivo lutamos com todas as nossas forças.

Jamais devemos duvidar de que teremos sucesso, cada um a seu tempo, de acordo com o seu ritmo, pois esse sucesso está contido na existência mesma deste caminho.

O 12º CAMINHO

KETHER — BINAH

A COROA DA COMPREENSÃO
A COMPREENSÃO DA COROA

LETRA: Beth, casa
CARTA: O Mago
ATRIBUIÇÃO ASTROLÓGICA: Mercúrio
CORES CINTILANTES: Amarelo
           Púrpura
           Cinza
           Índigo salpicado de violeta
FIGURA MITOLÓGICA: Hermes Trismegisto (Tehuti)
METAL: Mercúrio
ANIMAL: Íbis (símbolo de Thot)
PLANTA: Verbena
JÓIA: Ágata, cristal de quartzo claro

"O Décimo Segundo Caminho é a Inteligência da Transparência porque é da espécie de Magnificência chamada Chazchazit, o lugar de onde procede a visão dos que vêem em aparições."

A Idéia do Ser se torna a Idéia da Forma, o "É" se torna a Mãe. A Criação flui para o ápice do Pilar da Forma.

O metal mercúrio, que tem forma, é atribuído a este caminho porque representa a mínima forma de qualquer metal. Quando pensamos em metais, vêm-nos à mente o cobre, o ferro, o latão e o bronze. O mercúrio é um metal, mas sem uma forma própria — ele é um precursor da forma.

Aqui encontramos o Mago, símbolo de controle das forças superiores. Este caminho flui para o Pilar da Restrição, e restrição é controle.

Sobre a mesa cubiforme diante do Mago (reminiscente do altar cúbico de Malkuth) estão dispostos os símbolos dos quatro elementos. Sua mão

esquerda ergue-se para o alto e a direita aponta para a mesa, simbolizando o fluxo de energia de Kether para Binah.

Uma das primeiras técnicas que aprendemos nas práticas de magia é a visualização — a construção de imagens na mente. Esta é a base da magia de trabalho — construir uma forma-pensamento no "astral" (Yesod) e insuflar nela uma energia tal que faça com que ela se torne real no nosso plano. Concentramo-nos nessa forma-pensamento e restringimos nossas energias a ela. Todos os símbolos representam uma concentração de energias específicas.

Temos neste caminho o arquétipo da concentração (e, portanto, o controle), representado pelo Mago e pelos símbolos elementais dispostos sobre a mesa.

A lemnicasta acima da cabeça do Mago, símbolo da eternidade, também tem relação com o uso da magia. Sabemos que um ato de magia não é algo separado com um início e um fim. Tudo o que enviamos retorna — mais cedo ou mais tarde. A lemnicasta representa ainda o fluxo incessante de energia na Árvore e a Árvore em si. No meu baralho, a lemnicasta é também uma cinta de Moebio — tem apenas um lado.

A letra Beth significa "casa", e representa o primeiro passo do homem no controle do seu ambiente — restringindo-o ao construir um abrigo. O calor de uma fogueira é útil fora, mas muito mais útil quando confinado a um espaço fechado.

As ágatas — de que cor são? Tente adivinhar. Podem ser de quase todas as cores, com uma variedade quase infinita de combinações e padrões.

Minha irmã de círculo, Phoenix, lembra aos alunos dela que "agate" [ágata, em inglês] também pode ser pronunciada "a gate" [um portão, em inglês]. Os portões controlam, permitem que alguém ou alguma coisa entre ou saia, ou impedem a passagem. Este caminho é o primeiro passo em direção à forma como a conhecemos, em direção à restrição e ao controle. Uma ágata representa o potencial para padrões infinitos e para o controle que cria padrões a partir do caos.

O símbolo de Mercúrio é em si mesmo um símbolo composto para os aspectos deste caminho. Ele começa com um círculo, do mesmo modo que um círculo mágico é lançado com o objetivo de confinar e controlar energias. Embaixo do círculo há uma cruz elemental. Os quatro braços dessa cruz representam o coro angelical de Kether, as Criaturas Santas Vivas, e são os arquétipos dos Querubins de Malkuth. Temos também os arquétipos dos signos astrológicos de Aquário, de Touro, de Escorpião e de Leão. Esses são os signos fixos do zodíaco, representando a essência do Ar, da Terra, da Água e do Fogo.

Juntos, a cruz e o círculo formam o símbolo da criação de Kether manifestando-se através dos elementos em Malkuth. E, naturalmente, o símbolo é de Vênus, um planeta que recebe esse nome por associação com um dos aspectos da Deusa.

Sobreponha a isso uma lua crescente, como a coroa de uma sacerdotisa, e você terá o símbolo de Mercúrio, num caminho entre a Criação e a Deusa, a Grande Mãe, Rainha de todas as Bruxarias.

Mercúrio é a Atribuição Planetária de Hod, a esfera na base do Pilar da Forma, muito relacionado com a magia e suas mais diversas formas: rituais, grimórios, encantamentos. Esses aspectos de Hod começam aqui.

Segundo a lenda, o mago mais eminente foi Hermes Trismegisto — o nome grego de Thot. A famosa máxima, "Como em cima, assim embaixo" é atribuída a ele. Narram-se histórias a respeito de um livro oculto que conteria todos os segredos da magia, objeto de muitas buscas lendárias. Se o livro existiu ou não, é irrelevante; a verdade é que ele existe, no 12º Caminho.

O Texto Yetzirático denomina este caminho Inteligência da Transparência, e diz que ele é a fonte da visão "dos que vêem em aparições". A palavra "Chazchazit" significa "vidente" ou "vidência".

Encontramos aqui referências à cristalomancia, a visões astrais, etc. A nossa visão física é possível por causa da luz dirigida (restringida). A visão nos outros planos é a mesma, mas a luz é diferente. Mais uma vez, estamos diante da idéia de um tipo de forma e de seu objetivo.

Toda forma de divindade, todo símbolo, toda forma-pensamento é um método que a humanidade deu a si mesma — alguma coisa a segurar — algo a agarrar com todas as forças, mesmo a própria Árvore. Usamos um cristal como ponto focal para concentração visual. É a mente que cria as imagens que vemos nele. No 12º Caminho, porém, essas seriam visões verdadeiras, sem distorção. Neste caminho veremos o verdadeiro plano que existe para todos nós, um plano que se revela no 14º Caminho, o maior quadro de todos, e o vemos com a Compreensão que é Binah.

Não podemos esperar ter essa compreensão agora, mas podemos continuar esforçando-nos para alcançá-la. Parte desse esforço pode ser feita meditando sobre este caminho. Imagine-se como o Mago da carta — o Mago dos Magos: o princípio mesmo da criação.

Medite sobre os instrumentos elementais que estão sobre o altar. Nós sabemos o que os instrumentos sobre os nossos altares significam. O que eles significam, esses instrumentos que estão tão além dos nossos? Esses instrumentos simbolizados pelos instrumentos físicos que usamos? Se os deuses egípcios o atraem, você pode meditar sobre Tehuti. Ele tem condições de ensinar-lhe muitas coisas, se você conseguir lembrar-se de tudo (eu não consigo!).

O 11º CAMINHO

KETHER — CHOKMAH

A COROA DA SABEDORIA
A SABEDORIA DA COROA

LETRA: Aleph, boi
CARTA: O Louco
ATRIBUIÇÃO ASTROLÓGICA: Ar
CORES CINTILANTES: Amarelo pálido brilhante
Azul-celeste
Esmeralda-azulado
Esmeralda salpicado de dourado
FIGURA MITOLÓGICA: Johnny Appleseed
ANIMAL: Águia
JÓIA: Calcedônia

"O Décimo Primeiro Caminho é a Inteligência Cintilante porque ele é a essência da cortina colocada perto da ordem da disposição, e esta é uma dignidade especial que lhe é conferida para que possa postar-se diante da Face da Causa das Causas."

Este é o primeiro e o último caminho da Árvore, o princípio e o fim, o Alfa e o Ômega, ou mais adequadamente, o Aleph e o Tau. Este é o caminho que representa ao mesmo tempo o nosso ponto de partida e a nossa meta: a união com a nossa Fonte.

Ele é chamado de Inteligência Cintilante — pois emite centelhas, cintila como uma estrela.

Crowley disse: "Todo homem e toda mulher é uma estrela", e os antigos acreditavam que as estrelas eram as almas dos que haviam morrido. Sabemos que as estrelas não piscam de fato — é a nossa atmosfera que produz essa ilusão — mas elas ainda servem de excelente analogia para este caminho. A humanidade sempre ansiou por alcançar as estrelas.

Quer estejamos ou não conscientes da sua presença, existe dentro de nós algo que aspira a este caminho, que procura alcançar essa estrela. A caminhada ascendente nessa direção é o fim da nossa jornada para casa. Tornamo-nos verdadeiramente um com nosso Senhor e Senhora, um com a Fonte de Tudo, a morte derradeira e o derradeiro nascimento.

Ao descer neste caminho, a idéia de Ser torna-se a Idéia da Força, o primeiro passo para a criação.

A Atribuição Astrológica aqui é Ar, o menos "denso" dos elementos. Ar parece ser toda energia, e este caminho flui para a Esfera da Força, o ápice do Pilar da Força. Neste caminho e na esfera a que ele conduz não existe forma — somente força simples, e nessa simplicidade está o potencial para toda e qualquer coisa. Do mesmo modo que o Ar permeia o nosso ser físico, assim essa força impregna tudo o que existe.

A letra Aleph é a primeira do alfabeto hebraico. Ela representa também o número "um" hebraico.

De acordo com o meu dicionário, ela também representa não um som, mas uma ausência de som — uma oclusão glotal — um modo de influenciar outro som. Exemplo clássico de uma interrupção assim é a que observamos comparando "a nice man" com "an ice man". A interrupção instantânea entre o "n" e o "i" na segunda expressão é uma oclusão glotal. Ela é e não é, mas afeta o sentido da expressão.

Aleph significa "boi": essa fonte robusta e sólida de força, de alimento importante para a humanidade. É difícil imaginar um ser vivo menos efêmero, menos significativo de um estado de ser tão abstrato, tão pouco denso. No entanto, o boi está contido aqui, como está toda criação em todos os planos, tanto concretos quanto abstratos. O boi significa aquilo que pode ser e que será.

O boi é também um excelente símbolo da energia masculina: para os nossos ancestrais, todos os animais corníferos representavam a força, a energia vital e as qualidades masculinas que eram, e são, o Deus. Este caminho conduz à Esfera de Chokmah, a Esfera da Força, das forças masculinas, do nosso Senhor no Seu aspecto mais abstrato, em todos os Seus aspectos.

A pedra calcedônia revela diferentes aparências, dependendo dos minerais nela contidos. Sem minerais, ela é branca, pendendo para cinza (o branco de Kether passando para o cinza de Chokmah). É uma pedra que representa nuvens no céu — formando grandes ondas, movimentando-se, sempre mudando. Como nuvens, as pedras podem simbolizar quase tudo. Eu tenho uma calcedônia que uso como pedra de cura. Num lado ela tem círculos, e no outro uma representação perfeita da união do Senhor e da Senhora.

O Louco, a carta de número "0" no baralho de Tarô, é atribuição deste caminho. Ele está no alto de uma montanha, com o mundo à sua frente. Ele pode tomar a direção que quiser. Neste ponto da Árvore, nada existe, e tudo pode ser.

Em muitos baralhos, essa carta é chamada "O Bobo", referindo-se à posição do Louco ocupada na corte — a única pessoa que podia dizer qualquer coisa porque era divertida e provavelmente insana.

Isso pode ter sido verdade no início, mas a maioria dos bobos da corte eram tudo, menos loucos. Eles eram extremamente inteligentes e perspicazes. Essas duas qualidades eram necessárias para cumprir a tarefa do Bobo: ser sutil, sarcástico e "louco" para divertir e parecer tresloucado. Temos um excelente paradoxo — louco é alguém que não tem juízo, mas um Louco sem juízo não conseguiria um emprego.

O Louco de sucesso contava suas histórias de forma divertida, de modo que a história podia ser ignorada ou eliminada, mas o resultado em geral era o mesmo do juiz pedindo ao júri que desconsiderasse a testemunha. As sementes haviam sido plantadas; em algumas mentes, elas formariam raízes.

O nosso Louco no alto da montanha é como Johnny Appleseed, que levava consigo sementes para plantar ao longo do caminho. O nosso Louco leva as sementes da criação para plantar em sua jornada, acondicionadas numa trouxa presa a uma vara (como o bastão, símbolo do Ar). A sua outra mão segura um pedaço de papel em branco — onde *qualquer coisa* pode ser escrita. A sua visão do mundo é a de uma águia: não limitada por cercas e barreiras, e nem montanhas. Tudo se estende diante dele, e ele pode ir aonde quiser.

Para meditar sobre esta carta, imagine-se como o Louco, com toda a criação à sua frente. Nada está escondido. Tudo é possível. Você pode fazer tudo. O que você escolhe fazer?

COMO USAR OS CAMINHOS

Os caminhos são uma parte inevitável do seu trabalho, ou da sua vida (ou do seu grupo). Siga você ou não um dos caminhos da magia, reconheça e aceite ou não a existência da Árvore da Vida, ela existe, e você a está percorrendo, vivendo nela. Trabalhar com os caminhos ou nos caminhos resolutamente pode ser uma parte valiosa do seu trabalho de magia. Essa dedicação resulta em aperfeiçoamento e compreensão das experiências que serão vividas.

Trabalho Individual

Sem dúvida, a meditação é uma das formas mais fecundas de trabalho sobre a Árvore, versem suas reflexões sobre os caminhos ou sobre as esferas. A meditação sobre os caminhos pode ser realizada de várias maneiras. Incluí sugestões de meditações nos vários capítulos, mas não se restrinja a elas.

Ao ler os diversos capítulos, você pode ter identificado a sua própria experiência de alguns caminhos. Releia os outros capítulos e compare o que está descrito com a sua vida. Se o caminho estudado é uma experiência "pré-" ou "pós-encarnação", use a imaginação. Você conhece a sua situação atual. Por que acha que a escolheu? Quais foram as suas experiências nesses caminhos? Medite sobre elas; talvez você chegue à conclusão de que já está preparado para aprender algumas dessas coisas.

Relembro-lhe que percorremos esses caminhos freqüentemente de maneiras diferentes em tempos diferentes. Pode ser muito proveitoso comparar diferentes jornadas do mesmo caminho.

Por representar a síntese da experiência da caminhada, a carta atribuída ao caminho é o recurso mais completo para meditar sobre ele.

Use a carta como uma imagem mágica. Coloque-a na sua frente e detenha-se sobre o seu simbolismo. Dedique algum tempo a cada símbolo. Reflita antes sobre o significado de cada símbolo e, em seguida, sobre o sentido do conjunto.

Depois de exaurir todas as possibilidades desse procedimento, dê um passo adiante. Imagine que a cena representada na carta assume um tamanho natural tridimensional. Ao fixar essa visualização, entre na cena. Se o quadro incluir um caminho, siga-o.

Deixe a imaginação livre para que ela lhe proporcione aventuras variadas. No fim de cada aventura, retorne sempre pelo mesmo caminho percorrido.

Outro método semelhante começa com a visualização do templo da esfera no começo da jornada. Entre nesse templo e ponha-se no caminho. Percorra-o e veja o que acontece. Se alguma coisa (ou alguém) se revela inadequado ao caminho, imagine a letra hebraica desse caminho sobreposta à pessoa ou coisa. Se eles (ou ela) permanecer, é provável que faça parte do itinerário, e você terá conseguido mais material para reflexão.

Ao terminar a meditação, registre o que você viu. Compare as suas anotações com as correspondências do caminho. Se houver muitos aspectos que correspondem com outros caminhos, talvez seja necessária uma concentração maior na vez seguinte.

Como qualquer meditação, os resultados importantes raramente são óbvios de imediato. Acredite-me, eles produzirão os seus efeitos.

Trabalho com Grupos

Os instrutores descobrirão que a abordagem dos caminhos é uma forma excelente de trabalhar com os alunos. A meditação sobre as cartas ou sobre as jornadas no Plano Interior são úteis para levar o aluno à experiência das esferas. De fato, as experiências espirituais dos caminhos devem acontecer antes que o aluno possa identificar-se com as esferas — pelo menos as experiências que podem acontecer durante uma existência.

Por exemplo, o trabalho com os Caminhos 24º, 25º e 26º pode acelerar o término das Noites Escuras, associadas com o Segundo Grau. A experiência não pode ser evitada, mas o trabalho intencional sobre os caminhos pode acelerar a experiência. Ela também pode ser mais intensa, mas o nosso modo de vida baseia-se na premissa da evolução forçada, e portanto mais difícil.

Se você está orientando vários alunos (embora não haja nada errado em considerá-los como um só), especialmente úteis são as jornadas no Plano Interior dos caminhos, uma forma muito profícua de meditação. Três jornadas dessas estão incluídas no Apêndice I e correspondem aos três caminhos que levam a Malkuth e dele partem, três passos além do físico.

Os meus alunos gostam muito dessas meditações e dos debates que fazemos depois. Cada um descreve a jornada como a viu. As diferenças e semelhanças podem ensinar-nos muita coisa sobre o caminho e também sobre os alunos.

Em geral, eu os conduzo pelos caminhos quando estamos quase terminando o estudo de uma esfera específica; isto é, por exemplo, quando estamos quase terminando o trabalho em Malkuth, eu os oriento na jornada pelo 32º Caminho entre Malkuth e Hod e pelo 30º Caminho entre Yesod e Hod.

Repito, os resultados mais importantes não serão imediatos, mas você os terá, sem dúvida.

Se você usar a Árvore como estrutura para nortear o crescimento dos seus alunos, as cartas podem ser usadas em rituais para simbolizar os passos deles de uma esfera para outra.

Nos rituais descritos em *The Golden Dawn*, você encontra exemplos do que acabo de descrever. Um aluno que recebe uma iniciação de Yesod, entrando no Grau de Zelator na Golden Dawn (Grau de Ar na minha tradição), começa num templo de Malkuth, sobe simbolicamente o 32º Caminho e é levado para um templo de Yesod. Entre outros acessórios, as cartas que representam os caminhos podem ser dispostas apropriadamente em torno do templo. No templo de Malkuth, a carta O Universo é colocada no Leste. Quando o templo recebe nova disposição para representar Yesod, a carta é colocada no Oeste, que agora está atrás do iniciado.

Com o trabalho continuado sobre a Árvore, você desenvolverá o seu próprio modo de usar tanto os caminhos quanto as esferas para ajudar o seu grupo em seu desenvolvimento. Se você criar algumas formas que se revelarem eficazes, terei a máxima satisfação em conhecê-las.

OS ARCANOS MENORES

Os Arcanos Menores são formados por quatro naipes de 14 cartas cada um. Dez são cartas numeradas — de ás a dez — e quatro são cartas "da corte": Rei, Rainha, Príncipe e Princesa.

As cartas numeradas são atribuídas às Esferas: ases para Kether, dois para Chokmah, e assim por diante.

As cartas da corte são atribuídas aos Quatro Mundos.

Os quatro naipes — Paus, Espadas, Copas e Ouros — representam os quatro elementos — Ar, Fogo, Água e Terra — que todos conhecemos. É provável que os símbolos usados nessas cartas (que representam as armas dos elementos) tenham sido inspirados pelos Quatro Tesouros Mágicos dos Tuatha De Danaan: o Caldeirão de Dagda, a Lança de Lug, a Espada de Nuada e a Pedra do Destino.

Quando atribuídas às esferas, as cartas mostram a energia da esfera específica operando através do elemento específico. Por exemplo, o Ás de Espadas é Kether operando através do Fogo. O Cinco de Copas é Geburah manifestando-se através da Água, e assim por diante.

Em termos de meditação, simplesmente considera-se o significado da atribuição. De que modo Kether manifestar-se-ia através do Fogo? Como Geburah poderia agir por intermédio da Água? Se você está trabalhando numa esfera, medite sobre as quatro cartas e conheça as diferenças.

A atribuição das cartas da corte aos Quatro Mundos pode resultar em horas de contemplação apenas imaginando o que isso pode significar!

Cada esfera tem quatro mundos, simbolizados pelas quatro cores. A Árvore também tem quatro mundos, e a diversão está em descobrir que esferas pertencem a que mundo. Existem quase tantas opiniões quantos são os autores.

A minha preferência pessoal é:

Atziluth — Kether
Briah — Binah e Chokmah
Yetzirah — Todas, menos Malkuth
Assiah — Malkuth

Naturalmente, você pode usar a divisão que preferir.

Da mesma forma, são incontáveis as opiniões quanto aos arranjos, significado e nomes das cartas da corte. Para alguns, o Cavaleiro (Príncipe) montado representa Atziluth, ou movimento, e deve ser o primeiro dos quatro. O Rei, dizem alguns, é filho do Cavaleiro e da Rainha.

Essa é uma opinião.

Várias são as idéias quanto aos nomes apropriados para as cartas. Waite as denomina Rei, Rainha, Cavaleiro e Pajem. O baralho de Hall tem o Rei, a Rainha e duas outras cartas assinaladas "S" e "W." A carta S sempre mostra a figura acorrentada ou trabalhando muito; por isso podemos supor que o S significa Servo (ou Escravo, "slave"). A carta W sempre representa um soldado, de modo que provavelmente significa "Warrior" (Guerreiro).

Na adivinhação, essas cartas geralmente são usadas para representar pessoas na vida do consulente. O sistema apresentado aqui, porém, usa as cartas da corte como modificadores. Isso será analisado mais detalhadamente na seção sobre adivinhação.

PARTE II: O TARÔ

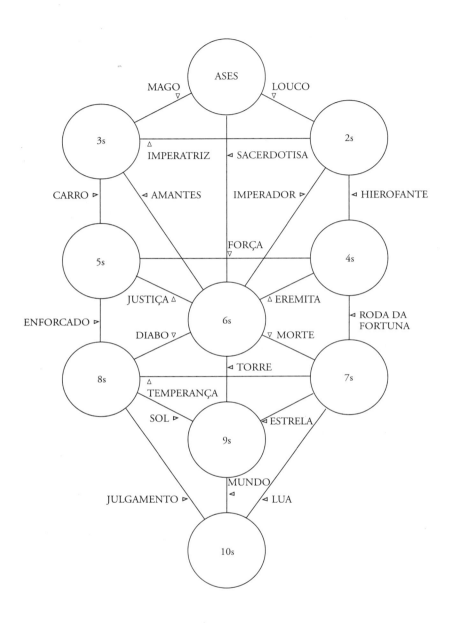

TARÔ

ADIVINHAÇÃO COM O TARÔ

As Cartas

Use o baralho de sua preferência. É recomendável que ele lhe seja atraente — você deve gostar de olhar para ele. O mercado oferece os mais diversos tipos de baralho; certamente, um deles deve encantá-lo.

Baralhos como o de Waite e seus derivados, e os da Golden Dawn contêm o simbolismo mais completo dos Arcanos Maiores. O baralho de Crowley/Harris é o preferido de muitas pessoas. O baralho do Tarô das Bruxas, naturalmente, foi planejado carta a carta para acompanhar as idéias expostas neste livro, e pode ser o de uso mais fácil com este método.

Se você está entrando em contato com o Tarô agora, sugiro que comece com o baralho de Waite ou o do Tarô das Bruxas, pela simples razão que os cenários específicos dos Arcanos Menores facilitam a interpretação.

Se você adotar o método descrito aqui, os baralhos mencionados serão perfeitamente adequados. Sem dúvida, prefiro o baralho do Tarô das Bruxas e o considero o mais fácil de usar. No entanto, qualquer forma de adivinhação deve ser muito pessoal e eficaz para você; por isso, decida com cuidado e faça a escolha apropriada para *você* — não para mim, para o seu instrutor ou para o vendedor da loja.

Escolhido o baralho, dedique o tempo que for necessário para "tornálo pessoal", como dizia minha professora. Demore-se com cada carta o tempo suficiente para conhecê-la bem, para senti-la. Um dos melhores procedimentos é sentar-se calmamente, tomar a carta nas mãos, examiná-la minuciosamente e registrar os pensamentos e idéias que lhe ocorrem.

Leve o baralho com você — torne-o parte de você. Eu geralmente durmo com um novo baralho debaixo do travesseiro durante uma semana ou duas, e o levo na bolsa ou na maleta em que guardo todo o meu material de magia. Embora os baralhos em geral venham acondicionados numa caixa, sempre é interessante conservá-los numa embalagem especial. Muitos recomendam envolver as cartas em tecido de seda para protegê-las de vibrações externas.

Como Ler as Cartas

Como muitas outras habilidades, aprende-se o Tarô praticando-o. Todo o programa de treinamento no meu grupo consiste no seguinte:

Eu faço a demonstração de um método tradicional de cortar e embaralhar as cartas, disponho-as em cinco ou seis arranjos diferentes, e então digo: "A primeira coisa que devem fazer é memorizar os 156 significados das cartas. Leiam para todas as pessoas. *Pratiquem! Pratiquem! PRATIQUEM!* E no momento em que olharem para uma carta e ela começar a sugerir-lhes alguma coisa diferente do que está no livro, joguem o livro fora."

As cartas são apenas um instrumento. É a mente que adivinha, e quando a mente e a intuição predominam, não há necessidade das definições correntes das cartas.

No entanto, o método de interpretação aqui descrito foi desenvolvido como extensão do treinamento da mente iniciado no estudo das esferas, e o baralho está elaborado de modo que as imagens reflitam o significado do caminho ou esfera a que a carta é atribuída. Espera-se que as interpretações sejam conseqüência natural do estudo da Cabala, e que o conhecimento dos significados não seja tanto uma questão de memorização, mas de dedução das interpretações a partir da posição da carta na Árvore.

Isso não significa que o método seja necessariamente mais fácil. Sob certos aspectos, é mais difícil. Ele exige mais raciocínio e reflexão no momento de adivinhar o significado de uma carta e de um arranjo, e de relacioná-lo com a indagação do consulente.

Se você tiver estudado a Cabala com atenção e tiver trabalhado com as esferas e os caminhos — tiver meditado sobre eles e pelo menos começado a tornar esse estudo parte dos seus processos mentais — muito possivelmente as interpretações surgirão tão naturalmente como surgem com qualquer outro método. A propósito: se as "interpretações instintivas" não coincidem com as que se encontram nas páginas que seguem, então o que eu digo aos meus alunos aplica-se também aqui: jogue o livro fora — embora eu espere que essas palavras sejam interpretadas apenas simbolicamente!

As interpretações relacionam-se mais com questões espirituais, ou não físicas, do que com questões mundanas. No entanto, o método é útil e certamente se tornará o preferido de muitos.

Você encontra quatro arranjos das cartas e dois modelos de leitura no Apêndice I. A cruz celta é a disposição mais adotada, mas as outras são interessantes e talvez você venha a preferi-las. Conheço várias pessoas que criaram seus próprios arranjos, e com bastante sucesso. Apresento um que foi inventado pelo meu marido Chris.

Antes de começar uma leitura, reserve alguns minutos para aquietar a mente. Se quiser (e eu recomendo), peça orientação. Eu geralmente penso: "Somente forças superiores ao meu redor. Minha Senhora, guiai-me." Naturalmente, você deve dizer e fazer o que o faz sentir-se preparado, seja algo simples ou complexo.

Você pode ler cada carta à medida que a tira ou depois que todas as cartas estão distribuídas. A elaboração de uma história a partir de uma leitura acontece com a prática (veja aí mais uma vez a palavra fundamental). Algumas simplesmente precisam de uma mudança tensa de "Você foi... você é... você será..." Com o tempo, você não terá dificuldade para encadear as idéias.

Algumas observações: Uma preponderância dos Arcanos Maiores numa leitura (metade ou mais) significa que os "poderes ocultos" têm grande influência sobre o que está acontecendo.

A preponderância de um naipe pode indicar a influência mais forte na vida da pessoa. A preponderância de um número pode remeter para a esfera em que o consulente está tendo mais atividades ou precisa trabalhar mais.

Se um consulente fica perturbado por uma carta, ou faz objeções a ela, peça-lhe que a retire, para que você possa substituí-la. Nós controlamos o nosso futuro, e podemos alterá-lo, mas é o *consulente* que deve fazer isso, mesmo num ato simbólico.

Nunca recebemos mais do que podemos suportar. Se as cartas revelam dificuldades, não é mentira dizer ao consulente que ele pode enfrentar qualquer dificuldade que surja. Isso é verdade.

AGORA, PRESTE BEM ATENÇÃO!!!

Não existem cartas "fatídicas" no Tarô. A carta O Enforcado *não* prevê morte por enforcamento. A carta A Morte não significa morte física. É *absolutamente antiético* fazer uma leitura de "morte e destruição" apenas porque você se sente com o poder de assustar as pessoas. Se essa for a sua atitude mental e emocional, sugiro, pelo bem da sua alma imortal, que você abandone as cartas até que possa crescer verdadeiramente. Uma compreensão do karma não o isenta de sofrer as suas conseqüências.

MÉTODO CABALÍSTICO DE ADIVINHAÇÃO

Os Arcanos Maiores

Os trunfos, obviamente, são interpretados de acordo com os caminhos a que são atribuídos. Com uma exceção, quando a carta aparece "de cabeça para cima" (na posição certa), ela representa a experiência de subir pelo caminho. Quando está "de ponta cabeça" (invertida), ela representa a caminhada para baixo. (Nos três caminhos recíprocos, "para cima" é para a direita.)

A exceção é O Louco, trunfo 0. Mudanças importantes no desenho só foram feitas quando absolutamente necessárias, e a representação tradicional se adapta tão perfeitamente à interpretação da direção descendente que permaneceu inalterada.

Os Arcanos Menores

Também estes são interpretados de acordo com suas atribuições. As cartas numeradas são atribuídas às esferas. As interpretações inversas, porém, nem sempre são o oposto de "para cima", como você verá. Às vezes elas representam o aspecto desagradável da esfera, ou um excesso de energia.

A interpretação é feita do mesmo modo que na meditação sobre essas cartas. O Dois de Copas é Chokmah manifestando-se através da Água. Como esta esfera poderia operar através desse elemento?

A sua facilidade de interpretação será sempre auxiliada pela meditação sobre as cartas.

As Cartas da Corte

Como mencionei anteriormente, as cartas da corte são atribuídas aos Quatro Mundos, e significam a condição ou tipo de energia, não representando pessoas ou acontecimentos.

Por isso, neste sistema de adivinhação, as cartas da corte não ocupam um espaço próprio num arranjo, mas são usadas para modificar a carta tirada em seguida. Sempre que uma carta da corte é tirada, a carta seguinte deve ser colocada sobre ela.

Exemplo: Tira-se uma Rainha de Copas, seguida de um Dois de Paus. O Dois de Paus representa idéias que consomem energia, pensamento concentrado. A Rainha significa que a energia está no estágio de conceito — ainda não assumindo forma, mas em processo de formação. O naipe é o da Água, das emoções e da intuição — juntos eles representam uma idéia sustentada pela emoção. Embora a forma da idéia ainda não esteja clara, isso acontecerá. Numa palavra: *Fé*.

Exemplo: Princesa de Paus e O Mago. O Mago representa assumir o controle da sua própria realidade. A Princesa representa manifestação. Portanto, você está agora assumindo o controle das suas forças internas e externas através da mente.

Os *Reis* representam o Mundo de Atziluth — o Mundo Arquetípico. A energia representada aqui é o impulso criador. No inverno preparamo-nos para a estação do plantio escolhendo as sementes que semearemos. É assim também que escolhemos a direção para a jornada que iremos empreender no ano que está por vir.

As *Rainhas* representam o Mundo de Briah, o Mundo do Conceito — a Força dos Arcanjos. Esta é a energia da primavera, quando plantamos as sementes que escolhemos. Damos o primeiro passo na nossa jornada.

Os *Príncipes* são o Mundo de Yetzirah — Formação — Forças Angelicais. No verão os resultados do nosso planejamento tomam forma: as plantas brotam e crescem, tornam-se visíveis. Nossa jornada está em marcha.

As *Princesas* representam Assiah, o Mundo da Manifestação. Elas simbolizam a estação do outono, quando colhemos o que semeamos. São também o fim da jornada. No entanto, enquanto comparamos essas cartas com as estações agrícolas, lembre-se de que fazemos as nossas plantações na primavera, mas a Deusa faz as Suas no outono. Durante o outono, o fruto cai no solo e o grão é espalhado pelos ventos. As Princesas também podem ser o começo dos acontecimentos que os deuses escolhem para ensinar-lhe.

O naipe a que pertencem as cartas da corte simboliza o elemento através do qual a energia da carta está operando.

Os Naipes

Varas/Paus

Varas, Paus, Bastões, Cetros e Clavas são todos nomes dados a este naipe. Podemos ainda acrescentar Bordão e Cajado, pois todos são representados pelo termo Vara.

A vara é o símbolo do Ar — não só do ar que respiramos, mas de todos os gases. Ela também representa o intelecto, o aprendizado, o ensino, o conhecimento e a iluminação.

Em histórias de magos, fadas e bruxas, a varinha mágica faz parte dos apetrechos desses personagens. O cajado do pastor é usado como guia. Um bastão pode ser muito útil numa subida íngreme. O cetro é sinal de soberania, e um soberano é alguém que lidera.

Este naipe é freqüentemente representado como madeira viva, o que levou um autor a atribuí-lo à Terra. O crescimento de folhas nos ramos, porém, simboliza fertilidade da mente e do espírito mais do que madeira florescendo.

Na adivinhação, paus geralmente têm relação com as funções da mente: idéias, pensamentos, deduções, etc.

Espadas

Este naipe, como os planetas Marte e Saturno, é freqüentemente depreciado em livros que expressam o pensamento esotérico moderno. Mesmo A. E. Waite, mais preparado e esclarecido, desenhou as cartas dos Arcanos Menores expressando uma interpretação negativa.

Do mesmo modo que a restrição de Saturno é mal entendida, assim muitos atribuem ao fio da espada aspectos negativos. Como a morte é temida por aqueles que a vêem como um fim, assim a ação da espada é interpretada erroneamente porque pode causar dor.

É verdade que a espada pode cortar, mutilar e matar. Ela também pode desfazer laços e trazer liberdade. Ela pode defender. Sua simples presença pode inibir a ação de um mal-intencionado.

Nós pagãos compreendemos essas coisas melhor que as pessoas em geral.

A espada é resultado de um processo de purificação muito intenso, e pode portanto representar esse processo. Para produzi-la e torná-la resistente, é necessário temperar o ferro e queimar as suas impurezas.

A espada é uma arma honesta, ao contrário do veneno. Uma pessoa que maneja uma espada está ao alcance do oponente, correndo os mesmos riscos que o adversário. Para empunhar uma espada é necessário envolvimento físico real — ação definitiva, à queima-roupa.

A espada é a arma do elemento Fogo. Aliás, ela não tem relação com o athame em seu simbolismo — pelo menos não no meu grupo. O athame que você recebeu ao ser iniciado é a sua arma pessoal, o seu símbolo de controle sobre todos os poderes, todos os espíritos, e não apenas sobre o Fogo.

O naipe do Fogo simboliza Vontade, ação, paixão, energia.

Copas

Dos cálices aos caldeirões, copas simbolizam o elemento Água e tudo o que ela envolve. A Água representa todos os líquidos, as emoções, o mar, o útero, a Mãe, a limpeza.

Na adivinhação, o naipe de copas em geral simboliza a emoção ou intuição. Também pode ter relação com a cristalomancia.

Ouros

O pentagrama, há muito tempo associado à Arte, simboliza os cinco elementos: Ar, Terra, Fogo, Água e Espírito — o símbolo mostra o Espírito manifestando os outros quatro, ou os quatro aspirando ao Espírito. O pentáculo (ouros) é o símbolo da Terra no Tarô, e sabemos que Terra contém Ar, Fogo e Água.

O naipe de ouros geralmente é interpretado em termos de dinheiro, mas tem também relação com o bem-estar físico, ou com a falta dele.

Outros baralhos dão aos ouros os nomes de Moedas e Discos.

AS CARTAS DE ASES

Os ases são atribuídos ao primeiro caminho, Kether, e também a Malkuth — do mesmo modo que num jogo podem ser tanto a carta mais alta como a mais baixa.

Por que essa dupla atribuição? No jogo de cartas, os ases permitem certa margem de manobra, diferentes opções de jogada; mas a razão por que os ases têm duas atribuições no Tarô é um pouco mais elevada.

O número de Kether é um; o de Malkuth, dez. A diferença é zero, nada. O zero é também um círculo — símbolo de contenção em si, fechamento, concentração. Não há nada em Kether que não esteja em Malkuth. Malkuth é Kether manifesto.

Para os objetivos de adivinhação, porém, os ases geralmente representam Kether manifestando-se através dos elementos. Os ases são sempre começos, criações — o tipo de criação depende do naipe. O ser entra no reino da possibilidade. O que é criado ainda não está manifesto, mas se tornou possível.

ÁS DE PAUS
KETHER AGINDO ATRAVÉS DO AR
A MENTE NA ESFERA DA CRIAÇÃO

Descrição

Waite:	Uma mão emerge de uma nuvem segurando um bastão com dois pequenos ramos. O bastão tem um total de dez folhas. Outras oito se desprendem dele. Ao fundo, vemos um castelo sobre uma colina.
Golden Dawn:	Uma mão emerge de uma nuvem segurando um bastão com dois ramos. Em vez de folhas, porém, temos dez chamas. Vinte e dois yods distribuem-se em torno do bastão.
Tarô das Bruxas:	Uma figura com os cabelos revoltos pelo vento emerge do espaço profundo, estendendo a mão para pegar um bastão que flutua à sua frente. Uma coroa está suspensa sobre o bastão. No fundo, estrelas formam a imagem de um homem.
Interpretação:	Uma nova idéia, alguma coisa não considerada antes, uma nova maneira de ver as coisas, pensamento criativo, invenção, empreendimento.

ADIVINHAÇÃO COM O TARÔ ✛ **139**

Invertida:	Estagnação mental, recusa a levar em consideração novas idéias. O consulente não consegue ver no momento um modo de superar as dificuldades.

ÁS DE ESPADAS
KETHER AGINDO ATRAVÉS DO FOGO
VONTADE/AÇÃO NA ESFERA DA CRIAÇÃO

Descrição

Waite:	Uma mão emerge de uma nuvem segurando uma espada coroada. Pendem da coroa o ramo de oliveira da paz e a palma da vitória. Seis yods distribuem-se em torno do cabo.
Golden Dawn:	Basicamente, a mesma representação do baralho de Waite, exceção feita à palma, que é descrita como "Palma do Sofrimento"; além disso, seis Vaus caem da ponta da espada, em vez de seis yods.
Tarô das Bruxas:	Uma figura emerge do espaço profundo através de chamas, segurando uma espada com ambas as mãos, ponta para cima, diante da face. A espada está coroada. As estrelas ao fundo formam um leão.
Interpretação:	Uma nova ação ou ato de vontade. Um passo adiante se torna possível, uma nova maneira de fazer as coisas. Iniciativa, coração, capacidade de agir. Criação deliberada.
Invertida:	Nenhum movimento é possível — qualquer movimento seria equivocado. O consulente não está preparado para submeter os desejos à vontade.

ÁS DE COPAS
KETHER MANIFESTANDO-SE ATRAVÉS DA ÁGUA
A EMOÇÃO NA ESFERA DA CRIAÇÃO

Descrição

Waite:	Uma mão emerge de uma nuvem sustentando um cálice. Cinco veios de água fluem do cálice para um açude embaixo. Yods também caem no açude.

140 ✛ O TARÔ DAS BRUXAS

Golden Dawn:	Uma mão emerge da nuvem com um cálice sobre a palma. Um jorro de água brota do cálice e se espalha ao redor. Lótus e lírios-d'água crescem na água.
Tarô das Bruxas:	Uma figura no espaço profundo segura com uma das mãos um cálice coroado, mostrando-o a um observador invisível. Na outra mão, perto do corpo, ela segura uma bola de cristal. Ao fundo, as estrelas formam uma águia.
Interpretação:	Um novo modo de sentir — começo da emoção. Intuição de alguma coisa por acontecer. Inspiração, água mística, ventre da vida, mar.
Invertida:	Estagnação, falta de emoção. Falta de intuição. Deserto árido — a vida definhando por falta de água em todas as suas formas.

ÁS DE OUROS
KETHER MANIFESTANDO-SE ATRAVÉS DA TERRA
O FÍSICO E O CONCRETO NA ESFERA DA CRIAÇÃO

Descrição

Waite:	Uma mão emerge da nuvem segurando um pentáculo. Embaixo, um belo jardim.
Golden Dawn:	Uma mão emerge da nuvem segurando um ramo de roseira. Na roseira, um pentáculo feito de cinco círculos concêntricos. O círculo central é branco, com uma Cruz Grega. Doze raios brilham do centro para a margem do pentáculo. Sobrepõe-se ao pentáculo um círculo menor encimado por uma Cruz de Malta: duas asas, quatro rosas e dois botões.
Tarô das Bruxas:	Uma figura junto à base da carta ergue as mãos para receber um pentagrama coroado; este domina o cenário. O fundo é o espaço profundo onde as estrelas formam um boi.
Interpretação:	Uma nova habilidade, uma nova fonte de renda, uma nova pessoa, uma nova possibilidade de crescimento. Fertilidade.
Invertida:	Falta de crescimento, esterilidade, sem uma nova fonte de receitas.

AS CARTAS DE Nº DOIS

Os dois são atribuídos a Chokmah e representam a força, a energia e o movimento da Árvore; o tipo de força depende do naipe. Eles representam o Princípio Masculino, o Deus, o poder de fertilizar, e também a sabedoria e a paternidade. Um estudo das energias de Chokmah facilitará a compreensão das cartas de número 2. Uma linha traçada de Kether a Chokmah simboliza duas dimensões.

DOIS DE PAUS
CHOKMAH AGINDO ATRAVÉS DO AR
A MENTE NA ESFERA DA FORÇA

Descrição

Waite: Um homem bem vestido olha para o mar desde o seu castelo. Lírios e rosas decoram os muros. Ele segura um globo numa das mãos e um bastão na outra. Outro bastão está um pouco mais afastado.

Golden Dawn: Uma mão segura dois pequenos bastões cruzados; chamas ardem no ponto onde eles se cruzam.

Tarô das Bruxas: Uma figura masculina vestida de amarelo segura um bastão com uma das mãos e gesticula com o bastão na outra, aparentemente levitando um remoinho de 12 folhas.

Interpretação: Idéias começam a pôr-se em movimento, a ter força, a expandir-se. A força motriz é a sabedoria.

Invertida: O pensamento não tem energia e por isso é ineficaz. Malogro em crescer ou movimentar-se mentalmente. Consulente muito voltado para a forma da idéia. Considere o conceito, não a forma, no momento. Pense no que você quer realizar, não no modo como acha que deve realizar.

DOIS DE ESPADAS
CHOKMAH AGINDO ATRAVÉS DO FOGO
AÇÃO/VONTADE NA ESFERA DA FORÇA

Descrição

Waite:	Uma mulher segura duas espadas cruzadas diante do peito.
Golden Dawn:	Duas mãos, cada uma segurando uma espada. As espadas se cruzam. Uma rosa branca de cinco pétalas está no ponto de cruzamento.
Tarô das Bruxas:	Homem vestido de vermelho leva uma espada suspensa na cintura e brande a outra com todo o vigor.
Interpretação:	Ação vigorosa. Força de vontade. Ação sustentada pela energia. O consulente pode pôr-se em movimento se encontrou a direção adequada a seguir.
Invertida:	O consulente pode ter o desejo, mas este não é suficientemente forte para que ele possa agir, e por isso deve analisar se o desejo é sincero. O consulente pode estar inclinado a agir mesmo que seja de modo errado. Nesse caso, não deve tomar nenhuma iniciativa no momento. Há ocasiões em que o melhor a fazer é não fazer nada. Isso pode ser frustrante, mas talvez seja a situação que se apresenta aqui.

DOIS DE COPAS
CHOKMAH AGINDO ATRAVÉS DA ÁGUA
EMOÇÃO/INTUIÇÃO NA ESFERA DA FORÇA

Descrição

Waite:	Um homem e uma mulher olham um para o outro, cada um segurando um cálice. Acima dos cálices estão um caduceu e a cabeça de um leão alado.
Golden Dawn:	Uma mão emerge da nuvem, segurando uma flor de lótus. Outra flor de lótus brota da água na base da carta. Uma haste nasce dela e termina em outra florescência da qual brota uma fonte de água. A água se derrama sobre dois golfinhos (um dourado e outro prateado) e depois, em dois fluxos, cai em duas taças.

ADIVINHAÇÃO COM O TARÔ ✛ **143**

Tarô das Bruxas: Um jovem escala um penhasco aparentemente intransponível para aproximar-se de uma jovem mulher no topo. Ela segura duas taças e olha para uma delas. Os dois vestem azul.

Interpretação: A emoção tem ímpeto ou pode dar ímpeto. Intuição forte. Inspiração.

Invertida: As energias se dissipam através da emoção. Sentimentos fracos... mais apaixonado pelo amor do que por qualquer outra coisa. A intuição é mais uma fantasia do que uma visão verdadeira.

DOIS DE OUROS
CHOKMAH MANIFESTANDO-SE ATRAVÉS DA TERRA
O FÍSICO NA ESFERA DA FORÇA

Descrição

Waite: Um jovem faz malabarismos com dois pentáculos dentro de uma lemnicasta.

Golden Dawn: Uma serpente verde e dourada, mordendo a própria cauda e formando uma lemniscata, faz a ligação entre dois pentáculos. Uma mão sustenta todos esses elementos.

Tarô das Bruxas: Um homem forte vestido de verde levanta um haltere numa das mãos, enquanto estende a outra para receber dinheiro oferecido por mãos que entram pelo lado. Pentáculos decoram o haltere.

Interpretação: Força física, energia física, movimento. É possível ganhar através do esforço físico. Bom trabalho.

Invertida: Fraqueza, falta de energia, sem possibilidade de ganhar através do trabalho. Terremoto. Trabalho sem entusiasmo ou indisposição para trabalhar.

AS CARTAS DE Nº TRÊS

Os três são atribuídos a Binah, a Esfera da Mãe, da Deusa, do Grande Mar, a Esfera da Idéia da Forma. A maioria das interpretações volta-se para a forma ou para a formação. Outras abordam aspectos alternativos da esfera.

Podemos imaginar a linha de Kether a Chokmah estendendo-se até Binah, onde se encontra com a linha de Kether a Binah. Temos então uma figura tridimensional: forma. Os três, os cincos e os oitos estão no Pilar da Severidade, do Feminino, da Restrição. É preciso lembrar-se disso ao interpretar as cartas.

TRÊS DE PAUS
BINAH MANIFESTANDO-SE ATRAVÉS DO AR
A MENTE NA ESFERA DA FORMA

Descrição

Waite: Um homem sobre uma colina contempla o mar. Três bastões estão dispostos ao seu redor. Ele segura um deles.

Golden Dawn: Uma mão segura três bastões. Um dos bastões está na vertical e dois estão cruzados. Há chamas no ponto em que eles se cruzam.

Tarô das Bruxas: Três figuras femininas vestidas de amarelo seguram bastões, formando um triângulo. As faces das figuras representam a Donzela, a Mãe e a Anciã. Sopra uma brisa suave.

Interpretação: Pensamentos têm forma, e portanto direção. Eles podem ser eficazes. As idéias tomaram forma e se tornaram claras. Compreensão. Siga as idéias, continue a persegui-las.

Invertida: Os pensamentos são de outras pessoas; não foram desenvolvidos por você. Incapacidade de ouvir. Falta de compreensão. O consulente deve esforçar-se para pensar por si mesmo. Há muita coisa a ser conhecida, mas é necessário um pensamento original.

ADIVINHAÇÃO COM O TARÔ ✚ **145**

TRÊS DE ESPADAS
BINAH MANIFESTANDO-SE ATRAVÉS DO FOGO
AÇÃO E VONTADE NA ESFERA DA FORMA

Descrição

Waite: Um coração é traspassado por três espadas. Há nuvens e chuva no fundo. Esse cenário representa graficamente a Experiência Espiritual de Binah, a Visão da Tristeza.

Golden Dawn: Três mãos saem das nuvens, cada uma empunhando uma espada. A espada do meio corta uma rosa de cinco pétalas. Essa é a descrição feita por Israel Regardie no seu livro *The Golden Dawn*. O baralho não mostra o corte da rosa, mas tudo indica que as cinco pétalas acabaram de ser atingidas.

Tarô das Bruxas: Uma mulher vestida de vermelho dirige-se a uma porta feita de três espadas; além da porta, pode-se ver uma estrada.

Interpretação: Uma direção para a ação é possível. Ação pela Deusa e para a Deusa. A força está presente, se necessário. Maternidade, mas com sentidos mais profundos do que simplesmente dar à luz. O consulente deve considerar todos os aspectos da Maternidade, inclusive proteção, orientação e palmadas, se necessário.

Invertida: O consulente ainda não sabe o que fazer. Confusão. Seja paciente. A compreensão pode chegar, desde que lhe seja permitido. Esse não é momento de agir.

TRÊS DE COPAS
BINAH MANIFESTANDO-SE ATRAVÉS DA ÁGUA
EMOÇÃO/INTUIÇÃO NA ESFERA DA FORMA

Descrição

Waite: Três jovens mulheres apresentam taças uma para a outra, como num brinde.

Golden Dawn: Uma mão segura um ramalhete de lótus ou de lírios-d'água. Duas flores derramam água num cálice e duas outras, em outros dois. A água flui do cálice mais alto

146 ✣ O TARÔ DAS BRUXAS

para os outros, e todos transbordam para a base da carta. Novamente, essa é a descrição apresentada no livro. No baralho, só as duas flores mais altas derramam água na taça mais elevada, que transborda para as taças mais baixas.

Tarô das Bruxas: Uma fonte com três jatos jorra água para três taças seguradas por três mulheres. Nem uma gota sequer é derramada. As mulheres vestem azul, e novamente suas faces refletem a Donzela, a Mãe e a Anciã.

Interpretação: A emoção/intuição toma forma, torna-se mais definida, mais restrita — por exemplo, o consulente pode ter aprendido a amar uma pessoa, em vez de simplesmente amar a humanidade. Isso também pode simbolizar controle das emoções, para que sejam proveitosas, não obsessivas.

Invertida: Embora a intuição possa dizer ao consulente que algo está acontecendo, ainda não é possível reduzi-la a algo compreensível. Talvez o consulente esteja bloqueando a intuição, ou a emoção, com sentimentos atuais — ele não quer que o sentimento intuitivo seja verdadeiro, ou não quer admitir a emoção.

TRÊS DE OUROS
BINAH AGINDO ATRAVÉS DA TERRA
O FÍSICO NA ESFERA DA FORMA

Descrição

Waite: Três pessoas olham para três pentáculos que fazem parte de um portal e arco.

Golden Dawn: Uma mão sai de uma nuvem, segurando o ramo de uma árvore. Dois botões de rosa brancos tocam o topo dos pentáculos mais altos. Os pentáculos estão dispostos num triângulo. No baralho, os botões são vermelhos.

Tarô das Bruxas: Uma jovem grávida está sentada num jardim, bordando um belo tapete. Ela usa um pentáculo em torno do pescoço; os outros dois estão no tapete. Ela está vestida de verde.

Interpretação: Gravidez, alteração de peso, habilidade no trabalho, aquisição de propriedade ou de bens materiais.

Invertida:	Perda do físico. Terra não adquirida. Fronteiras não delimitadas. Cobiça. Preocupação excessiva com o material. O desequilíbrio nunca é bom. Talvez o consulente passe a se preocupar com outros tipos de riqueza.

AS CARTAS DE Nº QUATRO

As cartas de nº 4 pertencem a Chesed, a Esfera da Coesão, dos arquétipos, do Governante Benevolente, do Salão dos Mestres. Chesed é a Esfera do Perdão, da Misericórdia. Chesed é tudo isso, o que dificulta expressá-la numa só palavra.

Lembre-se: esta é a Esfera da Misericórdia no Pilar da Misericórdia, o Pilar da Expansão. Interprete as cartas com esse espírito.

QUATRO DE PAUS
CHESED MANIFESTANDO-SE ATRAVÉS DO AR
A MENTE NA ESFERA DA COESÃO

Descrição

Waite:	Quatro bastões sustentam uma grinalda de flores. Pessoas se aproximam levando buquês. No fundo, os contornos de um castelo.
Golden Dawn:	Duas mãos saem de nuvens nos lados da carta e se encontram no meio; elas seguram quatro bastões cruzados. Chamas se elevam no ponto de interseção.
Tarô das Bruxas:	Quatro pessoas em vestes amarelas idênticas levam bastões. Elas seguem o mesmo caminho, embora outros sejam visíveis. A luz se projeta de uma fonte fora da carta sobre a cabeça de cada uma.
Interpretação:	Estabilidade mental, pensamento organizado, sentido de ordem, encontro com pessoas de mesma mentalidade, orientação recebida dos Anciãos. Convergência de idéias.
Invertida:	Instabilidade, morosidade, desordem, intolerância, pensamento desordenado, incapacidade de aquietar a

148 ✛ O TARÔ DAS BRUXAS

mente. O consulente precisa tranqüilizar a mente e abordar as coisas com calma. É preciso reduzir o excesso de pensamentos e analisar um por vez.

QUATRO DE ESPADAS
CHESED MANIFESTANDO-SE ATRAVÉS DO FOGO
AÇÃO/VONTADE NA ESFERA DA ORDEM

Descrição

Waite: Um cavaleiro jaz em sua tumba. Três espadas estão na parede e uma ao lado do cavaleiro.

Golden Dawn: Duas mãos, cada uma segurando duas espadas que se cruzam no centro. No ponto de cruzamento, uma rosa de cinco pétalas. Na carta, cada mão segura um cabo que tem duas lâminas.

Tarô das Bruxas: Um homem vestido de vermelho colocando uma quarta espada junto a outras três, de modo a formar um retângulo.

Interpretação: Ação construtiva, ação eficaz, construção, pôr em ordem. Vontade posta em ordem para se tornar útil. A energia tem agora um projeto a que se dirigir.

Invertida: A ação não realiza nada, tirania. Construção em excesso — (estacionamento substitui árvores). O consulente usou a ação em vez do pensamento. Na próxima vez, pense primeiro, e se a melhor coisa a fazer é não fazer nada, não faça nada.

QUATRO DE COPAS
CHESED MANIFESTANDO-SE ATRAVÉS DA ÁGUA
EMOÇÃO/INTUIÇÃO NA ESFERA DOS ANCIÃOS

Descrição

Waite: Um homem jovem sentado olha para três taças colocadas no chão à sua frente. Uma mão que sai de uma nuvem oferece-lhe uma quarta.

Golden Dawn: Uma mão segura três ramos de lótus. A haste do meio

ADIVINHAÇÃO COM O TARÔ ✣ **149**

eleva-se, terminando numa flor da qual jorra água para duas taças, que transbordam para outras duas mais embaixo. As taças formam um retângulo.

Tarô das Bruxas: Três pessoas de azul seguram taças e oferecem uma taça a uma quarta pessoa. Todas têm expressão agradável ou sorridente.

Interpretação: Devoção, amor perfeito, expansão da emoção. Emoção no lugar certo, crescimento no meio de pessoas amadas, desejo de servir aos deuses. Perdão.

Invertida: Tirania, parcialidade, infidelidade, falta de devoção, esnobismo, má vontade em dar o que você insiste em obter.

QUATRO DE OUROS
CHESED MANIFESTANDO-SE ATRAVÉS DA TERRA
O FÍSICO NA ESFERA DA EXPANSÃO

Descrição

Waite: Um homem sentado na frente de uma cidade, segurando firmemente um pentáculo. Um segundo pentáculo está sobre a sua cabeça e outros dois estão debaixo dos seus pés.

Golden Dawn: Uma mão segura um galho de roseira com quatro ramos, cada um terminando num pentáculo. Os pentáculos estão dispostos num quadrado. No centro do talo está uma pequena rosa branca. (Na carta, a rosa é vermelha.)

Tarô das Bruxas: Crianças brincam protegidas por uma cerca decorada com quatro pentáculos. A casa das crianças, também cercada, é bonita e parece cara.

Interpretação: Segurança, proteção; a sua casa está em ordem. Segurança financeira. Saúde — o seu corpo está chegando ao seu arquétipo correto.

Invertida: Desorganização no seu mundo físico. Perda financeira. O consulente precisa organizar os negócios, a casa, etc.

150 ✛ O TARÔ DAS BRUXAS

AS CARTAS DE N⁰ CINCO

As cartas de n⁰ 5 são atribuídas a Geburah, o Salão do Karma, a Esfera da Restrição, da destruição do temporal, das lições a serem aprendidas. As lições são difíceis de aprender, em sua maioria, e por isso os cincos representam esforço, empenho, luta. Isso não significa que essas cartas sejam negativas — em geral são difíceis porque aprendemos melhor sofrendo, seres renitentes que somos. Entretanto, se conseguimos compreender que os obstáculos representam lições que precisam ser aprendidas, podemos sair em busca da lição, e assim tornar as coisas mais fáceis.

Se espadas aparecem em posições que representam o passado, pode ter chegado o tempo de reconhecermos a lição ensinada pelas dificuldades passadas, agora que estamos bastante distanciados do evento, fato que nos torna mais objetivos.

CINCO DE PAUS
GEBURAH MANIFESTANDO-SE ATRAVÉS DO AR
AR NA ESFERA DA RESTRIÇÃO

Descrição

Waite:	Cinco homens lutam com bastões.
Golden Dawn:	Basicamente, a mesma do Quatro de Paus, apenas que um quinto bastão cruza verticalmente os outros quatro. Chamas saltam do ponto de junção. (Na carta, não há chamas.)
Tarô das Bruxas:	Um velho com um varapau instrui quatro homens mais jovens. Todos portam bastões e vestem amarelo. É evidente que o vento está soprando.
Interpretação:	Mudança de idéias, livrando-se de pensamentos obsoletos; lições aprendidas, força de vontade, restrição do pensamento. Atenção extra a certas áreas. O que é desnecessário será eliminado. Um furacão destruindo uma casa condenada. (Esse é um exemplo da energia e não deve ser usado numa interpretação.)
Invertida:	Injustiça, crueldade mental, recusa a aprender. Ver as coisas como estritamente brancas ou pretas, sem analisar os acontecimentos à luz de todas as circunstâncias.

CINCO DE ESPADAS
GEBURAH MANIFESTANDO-SE ATRAVÉS DA AÇÃO/VONTADE
AÇÃO/VONTADE NA ESFERA DA RESTRIÇÃO

As espadas são muito fortes em Geburah porque tanto o Fogo quanto a Espada são correspondências da esfera.

Descrição

Waite:	No primeiro plano, um homem segura duas espadas na mão esquerda e uma na direita. Duas espadas estão no chão. Ele olha para dois outros homens que se afastam.
Golden Dawn:	Como consta de *The Golden Dawn*: Duas mãos empunham duas espadas cada uma, as espadas inclinadas para os lados. Uma terceira mão, entre as outras duas, segura a quinta espada. A rosa de cinco pétalas aparece novamente cortada. A carta tem três mãos, conforme a descrição, mas as duas mãos laterais empunham espadas de duas lâminas em vez de duas espadas.
Tarô das Bruxas:	Dois homens de vermelho com espadas repelem três outros também com espadas. Os três estão caídos ou fugindo. Atrás dos vencedores, encolhem-se uma mulher e uma criança, recém-libertadas.
Interpretação:	Têmpera, purificação, corte e separação. Energia, coragem, defesa dos desprotegidos, força pelo direito. O que é temporal será cortado ou queimado.
Invertida:	Crueldade, destruição injustificada, mau uso do poder. O sujeito desta carta (não necessariamente o consulente) ainda não aprendeu que recebemos o que damos, ou que constituímos todos uma unidade e que o que fazemos a um afeta a todos.

CINCO DE COPAS
GEBURAH MANIFESTANDO-SE ATRAVÉS DA ÁGUA
EMOÇÃO/INTUIÇÃO NA ESFERA DA RESTRIÇÃO

Descrição

Waite:	Uma figura de costas vestindo uma capa preta. À sua esquerda, três taças caídas. Atrás da figura, duas taças continuam de pé.

152 ✛ O TARÔ DAS BRUXAS

Golden Dawn:	Como acontece com as outras cartas, uma mão segura lótus ou lírios-d'água com cinco flores. As flores e taças estão dispostas num retângulo, com a quinta taça e a quinta flor no meio.
Tarô das Bruxas:	Um homem vestido de azul escava com o objetivo de alargar e aprofundar um riacho, para que ele possa correr livre e arrastar folhas e galhos que impedem o seu fluxo.
Interpretação:	Emoções fortes, ira justa. Os relacionamentos podem ser cármicos. Preço pago, encolhimento da emoção, fim de um relacionamento que se prolongou mais do que o esperado. O que é temporal será levado pela correnteza.
Invertida:	As emoções assumem o controle, mas o resultado é mais uma inundação do que um rio controlado. Excesso, emoção ou intuição em demasia (sim, isso é possível), e males podem ser causados. (O riacho pode se transformar numa garganta profunda.)

CINCO DE OUROS
GEBURAH MANIFESTANDO-SE ATRAVÉS DA TERRA
O FÍSICO NO REINO DA RESTRIÇÃO

Descrição

Waite:	Duas figuras debaixo de uma nevasca passam pela janela de uma igreja iluminada. Os cinco pentáculos estão no vitral da igreja.
Golden Dawn:	Uma mão segura um galho de roseira branca, pétalas caem das rosas. Pentáculos colocados nas pontas dos galhos, quatro formando um quadrado e o quinto no centro. (No baralho, as rosas são vermelhas.)
Tarô das Bruxas:	Um homem de verde se esforça para retirar pedras que bloqueiam o seu caminho. Escarpas elevam-se de cada lado, de modo que o homem não pode avançar se não remover as pedras. Os pentáculos estão nas pedras.
Interpretação:	Perda de peso, perda de dinheiro, mas tudo com o objetivo de aprender uma lição. As perdas representadas pelo cinco são geralmente kármicas, e por isso podem ser menos dolorosas se você se empenhar em compreendê-

ADIVINHAÇÃO COM O TARÔ ✛ **153**

las. Restrições financeiras com o objetivo de direção. Saúde ruim — provavelmente, forçando o consulente ou o sujeito da leitura a descansar e a refletir um pouco. É fácil esquecer que "desde que não prejudiques a ninguém" inclui a nós mesmos. A doença pode ser um aviso para desacelerar.

Invertida: Uso excessivo de energia, esgotamento das reservas, escassez, medo.

AS CARTAS DE Nº SEIS

Os seis são atribuídos a Tifareth, a Esfera do Sol, da iluminação, da compreensão dos mistérios de sacrifício, da Visão da Harmonia das Coisas, da iniciação do Segundo e Terceiro Graus. Como no caso de qualquer carta numerada, a meditação e o estudo sobre a esfera representada (neste caso Tifareth) serão proveitosos para compreender as cartas.

SEIS DE PAUS
TIFARETH MANIFESTANDO-SE ATRAVÉS DO AR
A MENTE NA ESFERA DA ILUMINAÇÃO

Descrição

Waite: Um cavaleiro no primeiro plano porta um bastão encimado por uma coroa de flores. Ao fundo, outros levam os outros bastões.

Golden Dawn: Basicamente, a mesma do Quatro de Paus; a diferença está em que cada mão segura três bastões.

Tarô das Bruxas: O Sol brilha sobre uma figura ajoelhada que tem à sua frente seis bastões formando o hexagrama Ch'ien Ch'ien do I Ching.

Interpretação: Iluminação, realização de coisas maiores, ensino do crescimento espiritual, humildade, compreensão de que existe um padrão no universo. Esta chega *depois* de um período da vida muito difícil e cheio de provações.

154 ✛ O TARÔ DAS BRUXAS

Invertida:	Falso orgulho, esnobismo. Muito orgulho com o que foi aprendido e incapacidade para ver o que resta para ser assimilado.

SEIS DE ESPADAS
TIFARETH MANIFESTANDO-SE ATRAVÉS DO FOGO
VONTADE/AÇÃO NA ESFERA DA ILUMINAÇÃO

Descrição

Waite:	Um barqueiro zinga um bote transportando seis espadas, uma mulher e uma criança.
Golden Dawn:	A mesma do Quatro de Paus, mas aqui cada mão segura três espadas. No baralho, cada mão empunha uma espada de três lâminas.
Tarô das Bruxas:	A seção inferior direita da carta mostra um pelicano "em piedade", isto é, alimentando os filhotes com carne retirada do próprio peito. A seção superior esquerda mostra uma fênix surgindo das chamas. As duas representações estão separadas por seis espadas.
Interpretação:	Auto-sacrifício, ação correta, um passo em direção à espiritualidade, alguém que tenta melhorar o mundo através da ação. Se o consulente ou sujeito da leitura não deu esse passo, ele o fará, pois *precisa*. Renascimento.
Invertida:	Egoísmo, fracasso em fazer o que é correto, sacrifício deturpado, isto é, sacrifício de outro, ou sacrifício por razões equivocadas. (Lembre-se: a Deusa diz, "Não exijo nenhum sacrifício.")

SEIS DE COPAS
TIFARETH MANIFESTANDO-SE ATRAVÉS DA ÁGUA
EMOÇÃO/INTUIÇÃO NA ESFERA DA HARMONIA

Descrição

Waite:	Uma criança oferece a outra uma taça com flores. Cinco outras taças com flores estão próximas.
Golden Dawn:	Uma mão segura um feixe de lótus com seis botões, um sobre cada taça. Água flui para as taças.

Tarô das Bruxas:	Um círculo de seis taças elevadas por mãos em direção ao Sol, na clareira de uma floresta.
Interpretação:	Devoção, amor à vida em todos os aspectos, elevação espiritual, adoração do Sol. Equilíbrio, harmonia, dedicação à Grande Obra.
Invertida:	Egocentrismo, estreiteza mental, recusa em reconhecer o Eu Maior.

SEIS DE OUROS
TIFARETH MANIFESTANDO-SE ATRAVÉS DA TERRA
O FÍSICO NA ESFERA DA CRIAÇÃO

Descrição

Waite:	Um homem pesando ouro numa balança e distribuindo-o a mendigos.
Golden Dawn:	Uma mão segurando um galho com seis ramos florescendo seis rosas brancas. Os pentáculos estão na ponta das rosas e dispostos em duas colunas de três rosas cada uma.
Tarô das Bruxas:	Pessoas felizes num círculo em torno de um altar sobre o qual estão frutos da terra em abundância.
Interpretação:	Prosperidade, cura, equilíbrio financeiro (fazendo as pontas se tocarem). Uso do físico para alcançar o espiritual, equilíbrio entre o físico e o espiritual.
Invertida:	Possível doença, desequilíbrio entre o físico e o espiritual em ambas as direções. O consulente precisa aprender o equilíbrio.

156 ✛ O TARÔ DAS BRUXAS

AS CARTAS DE Nº SETE

As cartas de nº 7 estão relacionadas com Netzach, a Esfera da Vitória, da realização, do magnetismo, do amor, das artes, etc. Em geral, interpretam-se as cartas como sucesso, sob uma forma ou outra.

O sete pode indicar iniciação de Primeiro Grau ou uma iniciação elemental correspondente ao Fogo. Se você adere à segunda alternativa, lembre-se de que as iniciações são inícios e que o trabalho no elemento Fogo mal começou. Relembre sempre ao seu consulente que estas cartas significam sucesso, e que portanto as provações que estão por vir serão rapidamente superadas.

SETE DE PAUS
NETZACH MANIFESTANDO-SE ATRAVÉS DO AR
A MENTE NA ESFERA DA CRIATIVIDADE

Descrição

Waite:	Um homem jovem numa pequena colina repele seis inimigos que o perseguem. Todos lutam com bastões.
Golden Dawn:	Igual ao Seis de Paus. Uma terceira mão emerge de uma nuvem na base da carta segurando um bastão maior que cruza verticalmente os outros. Há chamas na junção.
Tarô das Bruxas:	Um artista vestido de amarelo pinta numa tela um quadro de sete bastões.
Interpretação:	Criatividade, inspiração, as artes, atração, consecução de objetivos. Vitória. Prossiga!
Invertida:	Bloqueio de escritor, falta de inspiração, energias dispersas, idéias em excesso, uso inadequado das capacidades, fracasso. Mais trabalho nessa esfera pode ajudar.

SETE DE ESPADAS
NETZACH MANIFESTANDO-SE ATRAVÉS DO FOGO
VONTADE E AÇÃO NA ESFERA DA
CRIATIVIDADE E DA VITÓRIA

Descrição

Waite:	Um homem foge furtivamente levando cinco espadas. Duas espadas estão fincadas no chão.

Golden Dawn:	Duas mãos seguram três espadas cada uma. Uma terceira mão segura uma espada apontada para cima e também uma rosa de cinco pétalas.
Tarô das Bruxas:	Músicos vestidos de verde, sentados, tocam uma flauta doce, uma flauta de Pã e uma harpa. Sete espadas estão empilhadas na frente deles.
Interpretação:	Ação criativa, especialmente artística. A energia flui para projetos criativos. Desenvolvimento de habilidades nos campos artísticos. Determinação nesses campos. O trabalho começa realmente com projetos.
Invertida:	Insucesso no movimento que você está fazendo. Malogro nos esforços. Este não é o tempo apropriado.

SETE DE COPAS
NETZACH MANIFESTANDO-SE ATRAVÉS DA ÁGUA
EMOÇÃO/INTUIÇÃO NA ESFERA DA
CRIATIVIDADE E DA VITÓRIA

Descrição

Waite:	Sete taças flutuam diante de uma figura, cada uma com um elemento diferente.
Golden Dawn:	No livro, como sempre, uma mão segura talos de lótus. As taças estão dispostas em três fileiras verticais: três taças na primeira, uma na segunda e três na terceira. A mão está entre a terceira fileira e a taça do meio. Seis botões vertem água em todas as taças, menos na do meio. No baralho, não há água fluindo.
Tarô das Bruxas:	Duas pessoas elevam uma taça de duas asas enquanto outras seis erguem taças individuais, fazendo um brinde. Todas estão vestidas de azul.
Interpretação:	Sucesso no amor, atração, magnetismo, amor sob muitas formas, a emoção é inspiradora, realização de ideais.
Invertida:	Impureza, emoção sem lógica, paixão pelo amor, ânsia pelo poder.

158 ✧ O TARÔ DAS BRUXAS

SETE DE OUROS
NETZACH MANIFESTANDO-SE ATRAVÉS DA TERRA
O FÍSICO NA ESFERA DA VITÓRIA E DA CRIATIVIDADE

Descrição

Waite:	Um homem apoiado numa enxada olha para uma vinha em que crescem sete pentáculos.
Golden Dawn:	Uma mão segura um galho de roseira, com três pequenos ramos em cada lado. Seis pentáculos estão na ponta dos ramos, dispostos em duas colunas de três. O sétimo está na haste entre a primeira e a segunda fileiras.
Tarô das Bruxas:	Uma figura de verde diante de uma mesa sobre a qual estão várias peças de escultura. O comprador tem uma peça na mão e sorri. Pentáculos decoram a toalha da mesa.
Interpretação:	Consecução de objetivos físicos, colheita.
Invertida:	Fracasso em alcançar objetivos, possivelmente por causa da ganância.

AS CARTAS DE Nº OITO

As cartas de nº 8 são atribuídas à Esfera de Hod, a Esfera da forma, da ciência, dos livros, do aprendizado, da lei, do ensino, da comunicação. Representam também controle e restrição.

OITO DE PAUS
HOD MANIFESTANDO-SE NO AR
A MENTE NA ESFERA DA LÓGICA

Descrição

Waite:	Oito bastões voando no ar, dando a impressão de que estão prestes a pousar.
Golden Dawn:	Como o Quatro de Paus, mas com o acréscimo de duas mãos; as quatro mãos seguram dois bastões cada uma.

Tarô das Bruxas:	Uma figura de amarelo sentada diante de uma mesa lendo um livro volumoso. Quatro bastões decoram a mesa e outros quatro a parede.
Interpretação:	Crescimento nos estudos. Ciência, livros, aprendizado, atividade mental dirigida, etc. Verdade, comunicação.
Invertida:	Desonestidade, falsidade, especialmente consigo mesmo. Insucesso no aprendizado. Aprendizagem por memorização, sem entendimento. A pessoa insiste em dizer que só há um modo de fazer as coisas... e que ela é quem conhece esse modo.

OITO DE ESPADAS
HOD MANIFESTANDO-SE ATRAVÉS DO FOGO
AÇÃO/VONTADE NA ESFERA DA LÓGICA

Descrição

Waite:	Uma mulher vendada e amarrada está rodeada por oito espadas.
Golden Dawn:	Segundo o livro, quatro mãos seguram duas espadas cada uma, as espadas tocando-se no alto da carta, com a rosa no centro. (No baralho, as quatro mãos seguram uma espada de duas lâminas cada uma; as pontas das lâminas tocam a flor.)
Tarô das Bruxas:	Quatro homens empunham uma espada em cada mão; sem dúvida, eles avançam como se fossem um só, como uma equipe num treinamento moderno.
Interpretação:	Atividade dirigida, movimentos específicos com limites específicos. A ação pode levá-lo ao sucesso se cuidadosamente planejada. Não há dúvida quanto à direção. Ação legal.
Invertida:	Paralisação, incapacidade de agir, perfeitamente representadas na carta de Waite.

160 ✢ O TARÔ DAS BRUXAS

OITO DE COPAS
HOD MANIFESTANDO-SE ATRAVÉS DA ÁGUA
EMOÇÃO/INTUIÇÃO NA ESFERA DA LÓGICA

Descrição

Waite:	Oito taças dispostas no primeiro plano da carta. Uma figura se afasta.
Golden Dawn:	As oito taças estão dispostas em três fileiras: três na primeira, duas na segunda e três na terceira. A haste do lótus passa entre as duas taças da fileira do meio e divide-se em dois ramos com duas flores que vertem água nessas taças. Estas transbordam para as duas taças externas que estão embaixo.
Tarô das Bruxas:	Como o Três de Copas — a água de uma fonte derrama-se em quatro taças, transborda para outras quatro e cai sobre quatro arranjos de flores.
Interpretação:	Emoção com pensamento — senso comum; a lógica prevalece. Mente e coração estão em harmonia.
Invertida:	Muito pouca emoção. Malogro em aceitar qualquer coisa por meio da fé.

OITO DE OUROS
HOD MANIFESTANDO-SE ATRAVÉS DA TERRA
O FÍSICO NA ESFERA DA LÓGICA

Descrição

Waite:	Um homem entalha um pentáculo. Sete outros pentáculos estão pendurados na parede.
Golden Dawn:	O lótus segurado pela mão tem oito ramos, os quatro mais embaixo com flores brancas. Os pentáculos estão na ponta dos ramos. (No baralho, as flores são vermelhas.)
Tarô das Bruxas:	Um homem muito forte e saudável está numa biblioteca repleta de livros, segurando em cada mão uma obra volumosa e pesada. Pentáculos decoram a biblioteca e os livros.
Interpretação:	A mente influencia positivamente o corpo. Programa de saúde adequado — sem problemas de nervos. A saúde pode ser obtida por ação lógica e firme.

Invertida: A mente pode ter influência negativa sobre o corpo (isto é, úlceras, tensão, dores de cabeça, etc.). Imprudência.

AS CARTAS DE Nº NOVE

As cartas de nº 9 referem-se a Yesod, o Fundamento, a Esfera da Lua, da Ilusão, das Imagens, do Potencial. A Deusa Tríplice, trabalhos de magia, adivinhação.

NOVE DE PAUS
YESOD MANIFESTANDO-SE ATRAVÉS DO AR
A MENTE NA ESFERA DO POTENCIAL

Descrição

Waite: Um homem com um bastão está postado diante de uma paliçada feita com outros oito bastões.

Golden Dawn: Como a carta oito; uma quinta mão sai de uma nuvem na base da carta, segurando um longo bastão que cruza verticalmente os outros oito.

Tarô das Bruxas: Uma figura de amarelo gesticula com um bastão, levitando quatro bastões que se refletem no espelho. A Lua acima dirige seus raios para a cabeça da figura.

Interpretação: Passagens psíquicas abertas, níveis mais profundos de consciência, boa memória. Boas perspectivas para projetos futuros. Ideais prestes a se tornarem realidade. Independência.

Invertida: Mente fechada, falta de consciência espiritual. Mente operando apenas na superfície. Paralisada pela ilusão. Indolência.

NOVE DE ESPADAS
YESOD MANIFESTANDO-SE ATRAVÉS DO FOGO
VONTADE/AÇÃO NA ESFERA DO POTENCIAL

Descrição

Waite:	Uma mulher sentada na cama, com o rosto enterrado nas mãos. As espadas estão penduradas na parede.
Golden Dawn:	Quatro mãos seguram duas espadas cada uma, e uma mão empunha uma só espada. (No baralho, cada uma das quatro mãos empunha uma espada de duas lâminas.)
Tarô das Bruxas:	Dois homens frente a frente com floretes de esgrima, estes em posição de saudação. Outras sete espadas formam um círculo ao redor dos homens.
Interpretação:	Potencial para ação. Os resultados estão prestes a se manifestar. Uma ação indireta pode ser melhor. É quase tempo de pôr-se em ação.
Invertida:	As coisas não são como parecem. Você pode ser tentado a não fazer nada. Os passos que você der produzirão algum efeito, mas não necessariamente o esperado.

NOVE DE COPAS
YESOD MANIFESTANDO-SE ATRAVÉS DA ÁGUA
INTUIÇÃO/EMOÇÃO NA ESFERA DO POTENCIAL

Descrição

Waite:	Um homem sentado na frente de nove taças, sorrindo.
Golden Dawn:	Nove botões florescem numa trepadeira, vertendo água em nove taças.
Tarô das Bruxas:	Uma figura vestida de azul e sorrindo deita nove cartas, cada uma com a representação de uma taça.
Interpretação:	Sentimentos intuitivos, adivinhação eficaz. O que você sente provavelmente é certo. (Tradicionalmente, esta é a carta do "desejo". Se aparece numa leitura, ela pode significar que o seu desejo está se tornando realidade. Como Yesod é a Esfera das Formas-pensamento, uma forma sustentada por um pensamento concentrado — isto é, um desejo — pode concretizar-se.)

ADIVINHAÇÃO COM O TARÔ ✣ **163**

Invertida:	Os sentimentos podem desorientar. Não confunda fantasia com intuição. O caminho fácil parece ser o certo, mas as coisas não são necessariamente assim.

NOVE DE OUROS
YESOD MANIFESTANDO-SE ATRAVÉS DA TERRA
O FÍSICO NA ESFERA DO POTENCIAL

Descrição

Waite:	Uma mulher num jardim, com um falcão pousado em sua mão. Pentáculos florescem em torno dela.
Golden Dawn:	Como o oito; a única diferença é que há rosas brancas na ponta de cada ramo e uma no talo. Os pentáculos estão distribuídos do mesmo modo.
Tarô das Bruxas:	Uma mulher num jardim, envolvida por pentáculos. Ela está grávida.
Interpretação:	Fertilidade, possível concepção. Crescimento acontecendo. Grande potencial.
Invertida:	Por enquanto, infertilidade. Não há retorno para o investimento. Faça um exame médico geral.

AS CARTAS DE Nº DEZ

Estas são atribuídas a Malkuth, a Esfera do Físico, da manifestação, daquilo que pode ser visto, tocado e sentido. Malkuth é o "topo" da Árvore, o resultado de todas as outras esferas. É simultaneamente o fim e o início da nossa jornada.

DEZ DE PAUS
MALKUTH MANIFESTANDO-SE ATRAVÉS DO AR
A MENTE NA ESFERA DA MANIFESTAÇÃO

Descrição

Waite:	Um homem carrega dez bastões que parecem pesar muito.

Golden Dawn:	Como o Nove de Paus, mas a mão de baixo segura dois bastões que cruzam verticalmente os outros oito.
Tarô das Bruxas:	Uma figura de amarelo diante de uma casa, com uma fotografia dessa casa na mão. A cerca é feita com dez bastões.
Interpretação:	Manifestação de formas-pensamento. O que a mente construiu concretizar-se-á. Discriminação.
Invertida:	Os pensamentos não conseguem se manifestar.

DEZ DE ESPADAS
MALKUTH MANIFESTANDO-SE ATRAVÉS DO FOGO
AÇÃO/VONTADE NA ESFERA DA MANIFESTAÇÃO

Descrição

Waite:	Um homem traspassado por dez espadas.
Golden Dawn:	Quatro mãos empunham espadas de duas lâminas cada uma. Duas outras mãos seguram uma espada cada uma, as espadas se cruzando.
Tarô das Bruxas:	Um homem de vermelho ocupa o centro da carta, empunhando uma espada em cada mão. Um pouco para o lado, está uma pessoa que, pelo que tudo indica, estava amarrada e acabou de ser libertada. No lado oposto, um cadáver. As outras oito espadas estão espalhadas por perto.
Interpretação:	Você verá os resultados físicos das suas ações — seus aspectos agradáveis ou desagradáveis, dependendo da ação.
Invertida:	Sem resultados. Nenhum movimento é possível. FOGO. Febre.

DEZ DE COPAS
MALKUTH MANIFESTANDO-SE ATRAVÉS DA ÁGUA
EMOÇÃO/INTUIÇÃO NA ESFERA DA MANIFESTAÇÃO

Descrição

Waite:	Uma família observando um arco-íris formado por taças.

ADIVINHAÇÃO COM O TARÔ ✛ **165**

Golden Dawn:	Uma mão segura um ramo de lótus cujas flores vertem água em dez taças. Outra mão sustenta a taça mais alta, preenchida inteiramente por uma flor e transbordando para a taça à esquerda na fileira seguinte.
Tarô das Bruxas:	Uma figura de azul com os olhos fixos numa bola de cristal. Há uma flor no interior da bola. A mesma flor acabou de aparecer sobre a mesa perto do cristal. Algumas taças estão sobre a mesa e podem formar um arco-íris atrás da figura.
Interpretação:	Sentimentos verdadeiros se manifestam. Os sentimentos não são mais confusos. O que você intuiu concretiza-se.
Invertida:	O lampejo psíquico não aconteceu. Letargia. Emoções esperadas não se manifestam.

DEZ DE OUROS
MALKUTH MANIFESTANDO-SE ATRAVÉS DA TERRA
O FÍSICO NA ESFERA DA MANIFESTAÇÃO

Descrição

Waite:	Uma família se diverte no jardim do castelo.
Golden Dawn:	Uma mão segura um galho de roseira com dez rosas brancas; cada rosa toca um pentáculo.
Tarô das Bruxas:	A mesma da carta de Waite.
Interpretação:	Solidez, saúde e riqueza estáveis. Estabilidade financeira. Lar feliz e saudável.
Invertida:	Mudanças ainda em processo, falta de solidez. Não desanime — normalmente a mudança é dolorosa, mas quase sempre é para melhor. Afinal, onde não há mudança, não há crescimento.

AS CARTAS DA CORTE

Como vimos, neste método de interpretação as cartas da corte são modificadores. A interpretação de cada carta depende e também afeta a carta tirada depois da carta da corte.

Encontramos aqui uma grande diferença nos nomes das cartas, especialmente entre os baralhos de Waite e da Golden Dawn. O baralho de Waite identifica as cartas como Rei, Rainha, Cavaleiro e Pajem. Na *The Golden Dawn*, os nomes são Rei, Rainha, Cavaleiro e Valete. O arranjo, porém, processa-se nesta ordem: Cavaleiro, Rainha, Rei e Valete. O baralho da Golden Dawn as denomina Rei, Rainha, Príncipe e Princesa. Ao descrevê-las, procurei combinar a descrição com as cartas e mencionar os dois nomes. Eu adoto os títulos Rei, Rainha, Príncipe e Princesa.

REIS

Os Reis representam o Mundo de Atziluth, a Força da Divindade — impulso criador. Eles têm relação com a estação do inverno, com a mudança do Sol. No inverno, o Sol começou o seu retorno, mas isso ainda não é tão evidente. Durante o inverno nós, que plantamos, folheamos os catálogos de sementes e escolhemos o que vamos semear na primavera. Também podemos resolver, durante esse tempo de descanso, que trabalho espiritual realizaremos durante o ano vindouro. Os Reis representam o tempo em que escolhemos a direção a seguir, mas ainda não demos o primeiro passo. As frases-chave são: "A Semente está escolhida. A direção está escolhida."

REI DE PAUS
IMPULSO CRIADOR MANIFESTANDO-SE ATRAVÉS DO AR
AS IDÉIAS PROCURAM REALIZAR-SE

Descrição

Waite: Um rei sentado num trono, segurando um bastão. Símbolos elementais decoram suas vestes e trono.

Golden Dawn: Chamado de Cavaleiro de Paus no livro e de Rei de Paus no baralho: Um cavaleiro alado cavalga um cavalo com crina e cauda de chamas. O seu elmo, que é também coroa, é alado. A cimeira do elmo é uma cabeça de cavalo alado. Ele empunha uma clava com ponta flamejante.

ADIVINHAÇÃO COM O TARÔ ✛ **167**

Tarô das Bruxas:	Um rei de amarelo está na encruzilhada de vários caminhos, e mais evidentemente no começo de um deles, pronto a dar o primeiro passo. O ambiente ao seu redor é o do inverno — infecundo, possivelmente coberto de neve — em dormência. A coroa exibe os símbolos de Gêmeos, Libra e Aquário, com Aquário em realce. Ele leva um bastão.
Interpretação:	O que é indicado pela carta seguinte está no estágio do impulso criador. É possível, mas ainda não se tornou realidade. A energia aqui é a do Ar — da mente. O pensamento está para manifestar-se. A pessoa está procurando uma idéia com relação à carta modificada. A semente do pensamento está escolhida. A jornada começou.
Invertida:	O indicado pela carta modificada ou bem chegou ao estágio do impulso criador, ou não chegará mais, por motivos que poderão aparecer em cartas posteriores. A pessoa não deve preocupar-se no momento com o que está na carta modificada. Isso pode desdobrar-se mais adiante, mas não está agora na esfera da realidade.

REI DE ESPADAS
IMPULSO CRIADOR MANIFESTANDO-SE ATRAVÉS DO FOGO
VONTADE/AÇÃO PROCURA CONCRETIZAR-SE

Descrição

Waite:	Um rei sentado num trono, empunhando uma espada. Símbolos elementais estão distribuídos em torno dele.
Golden Dawn:	Um cavaleiro alado usando um elmo com coroa e asas montado num cavalo alazão. Ele empunha uma espada. No seu peito há uma estrela de seis pontas. Há nuvens sob as patas do cavalo. (Chamado de "O Cavaleiro" no livro.)
Tarô das Bruxas:	Um rei com vestes vermelhas está no início de um caminho, entre muitos disponíveis. Sua coroa ostenta os símbolos do zodíaco de Áries, Leão e Sagitário, com Leão evidenciando-se. Ele empunha uma espada. Há salamandras em sua túnica. A cena ao redor é de inverno. Uma fogueira arde perto do rei.

168 ✛ O TARÔ DAS BRUXAS

Interpretação:	O que é representado pela carta modificada está no estágio do impulso criador. O consulente pode estar disposto a agir ou a determinar exatamente que ação empreender, mas ainda não deu o primeiro passo. A Semente da Ação está escolhida. A Direção da Ação está escolhida.
Invertida:	Não há passo a ser dado neste momento com relação à carta modificada. A direção pode ser vista mais tarde, ou pode ter cessado.

REI DE COPAS
IMPULSO CRIADOR MANIFESTANDO-SE ATRAVÉS DA ÁGUA
EMOÇÃO/VONTADE PROCURA CONCRETIZAR-SE

Descrição

Waite:	Um rei sentado num trono sustentado pelas águas do mar. Ele segura uma taça. Sobre o peito, um pingente com a forma de um peixe.
Golden Dawn:	Chamado Cavaleiro de Copas no livro: Um jovem cavaleiro alado, cabelos revoltos pelo vento, cavalga um cavalo branco. A cimeira é um pavão com a cauda aberta. Ele segura uma taça da qual sai um caranguejo.
Tarô das Bruxas:	Um rei com vestes azuis está na posição dos anteriores, segurando uma taça. Sua coroa revela os símbolos do zodíaco de Câncer, Escorpião e Peixes, com Escorpião projetando-se. O cenário é de inverno. Um córrego passa próximo, mas está congelado.
Interpretação:	O que está representado pela carta modificada está no ponto do impulso criador. Alguma nova emoção está chegando, e se concretizará, mas ainda não assumiu forma suficiente. O consulente escolheu uma direção por emoção, ou sente a possibilidade disso. Ele pode sentir-se impelido a realizar algum ato de adivinhação.
Invertida:	Possível estagnação — nada de novo começou. Se a carta modificada tem a ver com adivinhação ou cristalomancia, o consulente pode não chegar a nenhum resultado.

REI DE OUROS
*IMPULSO CRIADOR MANIFESTANDO-SE ATRAVÉS DA TERRA
O FÍSICO PROCURA CRIAR*

Descrição

Waite: Um rei sentado num trono cercado pela fartura da Terra. O trono expõe o signo de Touro.

Golden Dawn: O livro o denomina Cavaleiro de Ouros. O cavaleiro alado dos outros naipes, com elmo coroado e alado, cavalgando um cavalo alazão no meio de um milharal. A cimeira é a cabeça de um veado alado. Numa das mãos, o rei segura um cetro encimado por um hexagrama e, na outra, um cetro com pentáculo. (A carta não tem pentáculo.)

Tarô das Bruxas: Um rei com vestes verdes está no começo de um caminho, como os anteriores, levando um pentáculo. A coroa mostra os símbolos de Virgem, Capricórnio e Touro, com Touro salientando-se. O cenário ao seu redor é de inverno, com as árvores secas.

Interpretação: O que é representado pela carta modificada está no estágio do impulso criador. Como Terra denota o físico, esta poderia denotar possível gravidez, mas não uma gravidez em curso. Se a carta denota uma gravidez futura, será uma gravidez escolhida, um filho desejado e planejado. A carta pode representar outros "nascimentos" físicos — qualquer coisa que pode se manifestar no físico tornou-se possível.

Invertida: O oposto do descrito na Interpretação.

RAINHAS

As Rainhas representam o Mundo de Briah, a força do Arcanjo, o Mundo do Conceito. Elas são a primavera, quando a semente escolhida no inverno é plantada, o primeiro passo dado na jornada da direção escolhida.

RAINHA DE PAUS
CONCEITO NO MUNDO DO AR
MENTE NO MUNDO DO CONCEITO

Descrição

Waite:	Uma rainha em seu trono segura um cetro na mão direita e um girassol na esquerda. Leões decoram o seu trono.
Golden Dawn:	A rainha coroada tem cabelos louro-avermelhados. Está sentada no seu trono usando uma armadura de escamas de metal e vestes vermelhas. Sua cimeira é uma cabeça de leopardo alado, e ao seu lado está um leopardo. Ela segura um cetro vermelho. Há chamas junto à borda inferior da carta.
Tarô das Bruxas:	Uma rainha vestida de amarelo deu um passo à frente no seu caminho. Sua coroa é semelhante à do rei. Ela segura um bastão. O vento sopra levemente nos seus cabelos e vestes. A vegetação que a cerca dá sinais de vida — brotos, pequenas folhas, etc.
Interpretação:	O que é indicado pela carta modificada começou; o seu conceito foi formado. O pensamento (porque paus têm relação com a mente e os pensamentos) tornou-se agora um conceito, em vez de simplesmente um impulso, e está em processo de formação. A Semente está Plantada. A Jornada começou.
Invertida:	O conceito do pensamento não é prático; nem possível.

ADIVINHAÇÃO COM O TARÔ ✛ **171**

RAINHA DE ESPADAS
AÇÃO/VONTADE NO MUNDO DO CONCEITO

Descrição

Waite: A rainha está de perfil num trono diante de um céu nublado. Ela empunha a espada, com a ponta para cima. A coroa e o trono estão decorados com borboletas.

Golden Dawn: A rainha está sentada no seu trono, sustentado por nuvens. A cimeira é a cabeça alada de uma criança. Ela empunha uma espada com uma das mãos e segura uma cabeça recém-decepada com a outra. Suas vestes são de cor púrpura.

Tarô das Bruxas: A rainha dá um passo adiante, como a Rainha de Paus. Ela está vestida de vermelho, com toques de verde-esmeralda. Também usa uma coroa semelhante à do rei. Ela empunha uma espada. A terra ao seu redor está revivendo, e há fogo nas proximidades.

Interpretação: O que é indicado pela carta modificada começou, tornou-se um conceito. É dado o primeiro passo à frente; a ação começou, a vontade foi dirigida. A semente está plantada, a jornada começou.

Invertida: Vontade sem direção. A ação errada foi praticada, ou pelo menos considerada. O consulente pode não ser capaz de dirigir a vontade com vigor suficiente para começar.

RAINHA DE COPAS
EMOÇÃO/INTUIÇÃO NO MUNDO DO CONCEITO

Descrição

Waite: Uma rainha, sentada num trono rodeado de água, contempla uma taça.

Golden Dawn: A rainha está sentada num trono; flores de lótus flutuam na água que corre embaixo do trono. O símbolo da rainha é um íbis com asas abertas, e um íbis está ao lado dela. Ela segura uma taça, da qual sai um lagostim.

Tarô das Bruxas: Uma rainha vestida de vermelho dá um passo adiante, como as anteriores. Ela usa uma coroa com signos do zodíaco. Um riacho flui nas proximidades, e a terra ao seu redor volta à vida depois do descanso do inverno. Ela segura uma taça.

Interpretação: O que é indicado pela carta modificada está no estágio do conceito emocional. Sentimentos sobre a carta modificada e o que ela representa começaram.

Invertida: Os sentimentos não se formaram ou não estão se manifestando com expressões visíveis.

RAINHA DE OUROS
O FÍSICO NO MUNDO DO CONCEITO

Descrição

Waite: O trono está rodeado de vegetação em crescimento e a rainha olha com carinho para o pentáculo que tem na mão.

Golden Dawn: A rainha, no trono, segura numa das mãos um cetro, encimado por um cubo e um globo de ouro na outra. A cimeira é de um cabrito alado, e um cabrito está ao lado dela.

Tarô das Bruxas: Como as outras rainhas, esta deu um passo adiante no seu caminho. Suas vestes são verdes e ela usa uma coroa com os signos do zodíaco semelhante à do rei. Ela segura um pentáculo. A floresta em torno dela começou a florescer.

Interpretação: O indicado pela carta modificada começou fisicamente — assumiu um conceito físico. A semente foi plantada, raízes começaram a se formar — a jornada começou.

Invertida: As coisas não continuaram de modo a se tornarem um conceito. Elas não se manifestaram fisicamente — não passaram do estágio do impulso criador... ainda.

PRÍNCIPES

Com os Príncipes, chegamos ao Mundo da Formação, a Estação do Verão. As coisas tomam forma. A semente que foi escolhida no inverno e plantada na primavera desenvolveu-se, e sua forma é visível. Um dos modos de celebrar a estação é parar e refletir sobre o que exatamente desenvolvemos. Nosso trabalho continua. Estamos desenvolvendo o que plantamos? A semente floresce... a jornada continua.

PRÍNCIPE DE PAUS
O PENSAMENTO NO MUNDO DA FORMAÇÃO

Descrição

Waite:	Um cavaleiro vestindo sua armadura cavalga pelas planícies. Ao fundo, avistam-se três pirâmides.
Golden Dawn:	(Rei de Paus, no livro) Uma figura régia com coroa alada conduz um carro verde puxado por um leão. Sua cimeira é a cabeça de um leão alado, e ele leva um bastão. Na carta, ele também é alado. A carta mostra um homem mais jovem.
Tarô das Bruxas:	O Príncipe, vestido de amarelo, avança a passos largos em sua jornada. Suas roupas e cabelos são levemente agitados pelo vento. A terra por onde ele passa mostra crescimento, flores, etc., mas não frutos. Ele leva um bastão, ou uma bengala.
Interpretação:	O que é indicado pela carta modificada assumiu forma. Ainda não está totalmente manifesto, mas sua forma é conhecida. A semente cresceu; a jornada continua.
Invertida:	O que é indicado pela carta modificada pode não estar se desenvolvendo adequadamente. Tempo de avaliar o progresso em direção à meta. Alguma coisa pode ter mudado.

PRÍNCIPE DE ESPADAS
VONTADE/AÇÃO NO MUNDO DA FORMAÇÃO

Descrição

Waite: Um cavaleiro montado avança com a espada em punho, como atacando um inimigo. O céu está cheio de nuvens ameaçadoras.

Golden Dawn: (Rei de Espadas, no livro) A figura usa uma coroa alada e empunha uma espada em prontidão. Ela tem grandes asas. O carro é puxado por "Fadas Arqueiras", uma das quais leva um bastão encimado por um pentagrama. Na outra mão, o príncipe leva uma foice.

Tarô das Bruxas: Como acontece com o Príncipe de Paus, o jovem avança a passos largos em sua jornada. Está vestido de vermelho e leva uma espada. A terra ao seu redor vive o verão e ele está passando por um fogo.

Interpretação: O que é indicado pela carta modificada assumiu forma na ação. Os resultados estão se formando e podem bem tornar-se manifestos na ação em si. O consulente conseguiu controlar a vontade.

Invertida: O que é indicado pela carta modificada ainda não alcançou o ponto de formação, mas passou do estágio de conceito.

PRÍNCIPE DE COPAS
A EMOÇÃO NO MUNDO DA FORMAÇÃO

Descrição

Waite: Um jovem cavaleiro cavalga pelo interior do país, levando uma taça. O elmo é alado.

Golden Dawn: (No livro, Rei de Copas) O carro é puxado por uma águia. Ele também tem asas e usa um elmo alado e coroado. Numa das mãos ele segura um lótus, e na outra, uma taça com uma serpente.

Tarô das Bruxas: Como nas cartas anteriores, o príncipe prossegue em sua jornada a passos largos. Ele está vestido em tons de azul e leva uma taça. A terra ao seu redor está em pleno verão. Um córrego flui à beira do caminho.

Interpretação:	O que é indicado pela carta modificada tomou um conceito emocional/intuitivo.
Invertida:	Ainda não chegou a este ponto. O conceito não é prático.

PRÍNCIPE DE OUROS
O FÍSICO NO MUNDO DA FORMAÇÃO

Descrição

Waite:	Um cavaleiro num cavalo negro leva um pentáculo. Um ramo verde está bordado no elmo e outro na rédea do cavalo.
Golden Dawn:	O carro do príncipe é puxado por um touro. A cimeira é a cabeça de um touro alado. A paisagem por onde o carro passa é de verão. Numa das mãos, o príncipe segura um globo dourado, e na outra um cetro com outro globo.
Tarô das Bruxas:	O Príncipe, vestido de verde, percorre o seu caminho levando um pentáculo. O cenário que o cerca é de uma floresta na estação do verão.
Interpretação:	O que é indicado pela carta modificada assumiu forma física. Como foi sugerido pelo Rei de Ouros, se isso significou uma gravidez, então a criança está se desenvolvendo — a senhora está perceptivelmente grávida. Outras coisas podem ter relação com isso.
Invertida:	As coisas ainda não tomaram ou não tomarão forma.

PRINCESAS

Chegamos ao Mundo de Assiah, o Mundo da Manifestação. A Princesa completa a jornada, colhe o fruto da semente plantada na primavera.

Esta é a estação da Colheita, do Equinócio do Outono, e isso deve ser levado em consideração. Embora a humanidade semeie na primavera, a Deusa planta no outono. Essas cartas podem significar não apenas o fim, mas possivelmente o começo de uma jornada — uma semente plantada pela Deusa. Você deve registrar isso e talvez mencioná-lo ao fazer uma leitura, mas não espere ver os resultados num futuro próximo.

PRINCESA DE PAUS
A MENTE NO MUNDO DA FORMAÇÃO

Descrição

Waite:	(Pajem de Paus) Um jovem (às vezes mencionado como jovem ou como donzela, embora as figuras sejam definitivamente masculinas) segura um bastão, aparentemente olhando para a ponta.
Golden Dawn:	(No livro, Valete de Paus) Uma mulher vigorosa, de cabelos loiros, veste apenas um saiote curto. No cinto de escamas de metal, há a cabeça de um tigre alado. Uma capa de pele de tigre pende dos seus ombros. À sua direita está um pequeno altar dourado, produzindo chamas. A mão direita descansa sobre o altar; a esquerda segura um bastão com chamas.
Tarô das Bruxas:	A Princesa chega ao fim da sua jornada. Ela está vestida de amarelo e entrega um bastão a alguém que a está saudando. O cenário é do tempo da colheita: folhas douradas, frutos, etc., a cercam. O vento sopra.
Interpretação:	O que é indicado pela carta modificada se manifestou, tornou-se real. A semente é colhida. A jornada está terminada.
Invertida:	Alguma coisa fez com que a colheita fracassasse. A idéia não se tornou manifesta. É possível que a colheita tenha sido feita, mas o resultado esteve longe do que o consulente esperava. A colheita é o que o consulente plantou.

PRINCESA DE ESPADAS
VONTADE/AÇÃO NO MUNDO DA MANIFESTAÇÃO

Descrição

Waite: (Pajem de Espadas) Um jovem está exposto ao vento e empunha uma espada com ambas as mãos.

Golden Dawn: (No livro, Valete de Espadas) A figura de uma amazona veste um saiote curto. O cinto mostra uma cabeça de Medusa como cimeira. Ela segura uma espada numa das mãos e descansa a outra num pequeno altar de onde sobe fumaça.

Tarô das Bruxas: A Princesa do Fogo, em vestes vermelhas, chega ao fim da sua jornada. Ela apresenta a espada a alguém. Está rodeada pelo outono e por sinais de colheita. Há fogo.

Interpretação: O que é indicado pela carta modificada aconteceu, está acontecendo.

Invertida: O que é indicado pela carta modificada não aconteceu ou não está acontecendo. Não se sabe se essa situação é permanente ou não.

PRINCESA DE COPAS
EMOÇÃO/INTUIÇÃO NO MUNDO DA MANIFESTAÇÃO

Descrição

Waite: (Pajem de Copas) Um jovem está diante de ondas segurando uma taça da qual sai um peixe.

Golden Dawn: (No livro, Valete de Copas) Uma princesa está no mar, onde um golfinho brinca. O cinto exibe a figura de um cisne voando. Numa das mãos, ela segura uma taça da qual sai uma tartaruga; na outra mão, um lótus.

Tarô das Bruxas: A Princesa da Água chega ao fim da sua jornada. Ela está vestida de azul e entrega uma taça a alguém. O cenário em torno dela é o de colheita. Um riacho corre ao lado.

Interpretação: A emoção ou intuição representada pela carta modificada chegou à manifestação.

Invertida: A emoção ou intuição representada pela carta modificada não chegou à manifestação.

PRINCESA DE OUROS
O FÍSICO NO MUNDO DA FORMAÇÃO

Descrição

Waite:	(Pajem de Ouros) Um jovem está num campo e olha para os pentáculos que segura nas mãos.
Golden Dawn:	Uma mulher forte está sobre grama e flores. Seu cinto mostra a cabeça de um carneiro (alado, na descrição, mas não na carta). Numa das mãos, ela segura um cetro encimado por um disco, e na outra, um pentáculo.
Tarô das Bruxas:	Uma Princesa vestida de verde chega ao fim da sua jornada. Ela entrega um pentáculo a alguém. O mundo que a rodeia vive o outono. Os frutos da Terra são evidentes em torno dela.
Interpretação:	A coisa física representada pela carta modificada se manifestou.
Invertida:	O fim da jornada não se concretizou. Talvez seja preciso continuar. O consulente deve considerar a possibilidade de que o planejado talvez não estivesse destinado a realizar-se.

OS ARCANOS MAIORES

O LOUCO

Descrição

Waite: Um jovem na beira de uma montanha, com uma rosa branca na mão esquerda, pronto a dar um passo à frente. Sobre os ombros, uma vara, com uma trouxa na ponta. Um pequeno cachorro o segue de perto.

Golden Dawn: Uma criança nua estende o braço para apanhar uma rosa amarela. Ela segura a trela de um lobo cinzento.

Tarô das Bruxas: No canto superior esquerdo está um quadrante de uma esfera branca. No inferior esquerdo, um quadrante cinza. O Louco, vestindo roupas de diversas cores, está numa montanha (virado para a esquerda), a paisagem estendendo-se à sua frente. Sobre o ombro esquerdo, um bastão com folhas, tendo na ponta uma trouxa. Na mão direita, uma folha de papel em branco.

Interpretação: Hoje é o primeiro dia do resto da sua vida. Você pode seguir a direção que quiser, ir a qualquer lugar, fazer qualquer coisa. Tudo é possível. O passo que você der agora é crucial. O número um.

Invertida: O consulente chegou ao fim de um ciclo, alcançou a meta desejada. Descanse um pouco... depois estabeleça um novo objetivo para si mesmo.

O MAGO

Descrição

Waite: Debaixo de um caramanchão de rosas, o Mago segura um bastão na mão direita erguida. Na mesa à sua frente estão os símbolos dos quatro elementos. Uma lemnicasta paira acima da sua cabeça. Uma serpente mordendo a própria cauda envolve-lhe a cintura.

Golden Dawn: O Mago está diante do altar, tendo o símbolo de Mercúrio acima da cabeça. Ele usa um chapéu com a aba em forma de lemnicasta. Sobre o peito, um caduceu alado.

	No altar cubiforme à sua frente estão dispostos os símbolos dos quatro elementos. O bastão e a espada estão cruzados. (Cruzados... imagino...)
Tarô das Bruxas:	O Mago está diante de um altar cubiforme sobre o qual estão as armas dos elementos. Perto do Mago está um pequeno bastão; à direita (da carta), uma espada; à esquerda, um pentáculo; junto à borda inferior, uma taça. No canto superior direito está o quadrante de uma esfera branca. No canto inferior esquerdo, o quadrante de uma esfera preta. A mão esquerda levantada aponta na direção da esfera branca e a direita, para a esfera preta. Uma lemnicasta está acima da cabeça.
Interpretação:	O consulente está se aproximando da consecução de um objetivo sobre o qual tem controle. A resposta pode estar no objetivo que o consulente está tentando alcançar. O número dois.
Invertida:	O consulente *tem* controle sobre as circunstâncias. Ele tem o futuro em suas mãos. A compreensão chegará se ele a procurar, ou melhor, se tomar consciência de que já a tem.

A GRÃ-SACERDOTISA

Descrição

Waite:	A Grã-Sacerdotisa está sentada com uma Lua Crescente a seus pés; ela usa uma coroa formada por uma Lua Cheia no centro e Luas Crescentes nos lados. Sobre o regaço, um pergaminho, e no peito, uma cruz de braços iguais. Atrás dela estão um pilar preto com a letra "B" e um branco com a letra "J".
Golden Dawn:	A Grã-Sacerdotisa está vestida de azul e segura um cálice. A coroa é formada por uma Lua Crescente.
Tarô das Bruxas:	A Grã-Sacerdotisa está de pé, na posição de um pentagrama, braços estendidos para os lados, pés afastados. Suas vestes têm uma abertura que mostra a perna esquerda, onde vemos uma liga com uma fivela prateada. À sua esquerda ergue-se um monolito branco, e à sua direita, um monolito preto. No alto, vemos a meta-

	de inferior de uma esfera branca e, embaixo, a metade superior de uma esfera amarela.
Interpretação:	O consulente está tentando encontrar o significado superior de alguma coisa e se esforçando para alcançar a perfeição. Ele precisa compreender que este caminho é difícil, e por isso deveria perseguir objetivos mais modestos neste momento, antes de querer alcançar o atual. Em circunstâncias específicas, este pode significar um chamado para a função de Sumo Sacerdote/Grã-Sacerdotisa, ou que a pessoa pode encontrar o guia espiritual adequado. O número três.
Invertida:	O que chegou ao consulente manifestou-se numa forma que ele pode suportar. Se for uma dificuldade, ele deve lembrar-se de que *podemos* agüentar qualquer coisa, qualquer prova que nos é dada, porque os deuses nunca nos expõem a uma provação sem que tenhamos força suficiente para suportá-la. Num caso e no outro, a situação representa algo superior. Ela *pode* significar que as palavras ditas durante um ritual recente de "baixar a Lua" foram válidas.

A IMPERATRIZ

Descrição

Waite:	A Imperatriz está sentada no meio de um campo fértil, com o cetro na mão. Ela tem junto aos pés um escudo em forma de coração inscrito com o símbolo de Vênus.
Golden Dawn:	Vestida de vermelho e verde, a Imperatriz está sentada num trono na frente de uma cortina. Ela segura um cetro numa das mãos e um Ankh na outra.
Tarô das Bruxas:	A Imperatriz está sentada na relva, em meio à natureza, grávida e rodeada de criações da natureza em pleno florescimento. O Sol e a Lua seguem o seu curso no céu. Do pescoço pende-lhe uma corrente com o símbolo de Vênus. À direita da carta, vemos a metade esquerda de uma esfera cinza, e à esquerda, a metade direita de uma esfera preta.
Interpretação:	O consulente está quase no fim de um projeto ou de um ciclo. As restrições são removidas. O número quatro.

182 ✢ O TARÔ DAS BRUXAS

Invertida: O consulente começa um ciclo. À necessidade de agir acrescenta-se a compreensão do que fazer. As idéias começam a se formular.

O IMPERADOR

Descrição

Waite: O Imperador está sentado num trono decorado com cabeças de carneiros. Ele segura um Ankh e um globo.

Golden Dawn: O Imperador está sentado num trono, vestido de vermelho e com os pés descansando sobre um carneiro. A mão direita segura um cetro encimado pela cabeça de um carneiro e a esquerda, um globo com uma cruz sobreposta.

Tarô das Bruxas: O Imperador está de pé na frente do seu trono, prestes a dar um passo à frente. Ele segura um cetro engastado com o símbolo de Áries. Aos seus pés estão vários outros cetros semelhantes, mas evidentemente menores e mais simples. No canto superior direito da carta está um quadrante de uma esfera cinza, e no canto inferior esquerdo, uma parte de uma esfera amarela.

Interpretação: O consulente busca a sabedoria (ou deveria buscá-la), dirige-se a ela.
Busca de energia — desenvolvimento da força. O número cinco.

Invertida: A força vital e a energia fluem para o consulente. Se a pergunta envolve saúde, esta é uma carta de energia renovada. A força chega à iluminação. O consulente é capaz de pôr as idéias em prática, especialmente as espirituais.

O SUMO SACERDOTE
(O Hierofante/O Papa)

Descrição

Waite: O Hierofante está sentado num trono entre duas colunas, segurando um bastão com três barras transversais. Dois monges estão de joelhos diante dele.

ADIVINHAÇÃO COM O TARÔ ✛ **183**

Golden Dawn:	O Hierofante está sentado num trono, vestindo vermelho e segurando um báculo numa das mãos. Cabeças de boi decoram o trono. Atrás dele, há uma cortina bege.
Tarô das Bruxas:	O Sumo Sacerdote, voltado para a esquerda da carta, dá a impressão de estar realizando um ritual. Ele segura um athame, prestes a ser introduzido no cálice que lhe é apresentado. Ele domina o quadro; pode-se ver o cálice, mas a Sacerdotisa que o segura está fora da cena. O cabo do athame termina com o símbolo de Touro, visível acima das mãos.
Interpretação:	O consulente fornece energia ao projeto, serve de fonte de força. Em outras palavras, ele pode "mexer e agitar", embora outras pessoas talvez sejam necessárias para dar organização (forma). O número seis.
Invertida:	O consulente deixa para trás a necessidade da forma. Neste momento, tudo está nas mãos dos deuses. O consulente deve "seguir com o fluxo".

OS AMANTES

Descrição

Waite:	Um homem e uma mulher nus estão de pé sob as asas de um anjo. Há uma árvore atrás de cada um deles.
Golden Dawn:	Andrômeda está acorrentada a uma rocha; o dragão avança do leste. Perseu emerge das nuvens com a espada em punho.
Tarô das Bruxas:	Um casal ocupa o primeiro plano, observado por uma "figura celestial". O casal está de mãos dadas, como as crianças na carta O Sol. O homem olha para a mulher, e esta para a figura no alto. Os três têm feições semelhantes. A figura celestial não tem características específicas de um sexo ou de outro. No canto superior esquerdo da carta, parte de uma esfera preta. No canto inferior direito, parte de uma esfera amarela.
Interpretação:	O consulente começa a ter uma visão maior de tudo — da criação e do Espírito do consulente. O número sete.
Invertida:	Percepção do valor do eu. A compreensão chega... e o amor.

O CARRO

Descrição

Waite:	Um homem dirige um carro com dossel puxado por duas esfinges, uma branca e uma preta.
Golden Dawn:	Semelhante à carta O Príncipe; o carro, neste caso, é puxado por um cavalo branco e um preto. O condutor usa um capacete com chifres, como um viking.
Tarô das Bruxas:	Ao longo de uma estrada ladeada por uma cerca num dos lados, um guerreiro vitorioso conduz o seu carro de guerra. Ele usa uma armadura, com um caranguejo gravado no peitoral. O carro é puxado por duas esfinges, uma branca e outra preta. No alto da carta está a metade inferior de uma esfera preta, e na base, a metade superior de uma esfera vermelha.
Interpretação:	Forma superior, menos concreta do Enforcado. O consulente pode compreender ou pelo menos aceitar o karma, e procura a ruptura que é necessária para saldar a dívida. O número oito.
Invertida:	Mobilidade dada a idéias e desejos. O consulente começa a seguir uma direção específica com compreensão dos motivos dessa direção.

A FORÇA

Descrição

Waite:	Uma jovem mulher fecha a boca do leão. Ela veste roupas brancas e tem flores nos cabelos. Acima da sua cabeça, uma lemnicasta.
Golden Dawn:	Uma jovem mulher toca a cabeça de um leão que está ao seu lado.
Tarô das Bruxas:	Uma jovem mulher, à direita, está de joelhos, com uma leoa à esquerda lambendo-lhe o rosto. A leoa está atrelada com uma fita que poderia romper-se facilmente e mantém presa debaixo da pata uma serpente viva. À direita, parte de uma esfera azul e, à esquerda, parte de uma esfera vermelha.

ADIVINHAÇÃO COM O TARÔ ✛ **185**

Interpretação:	Força de vontade. Ela pode ser necessária para que o consulente se mantenha firme, mesmo que haja sofrimento. Remoção de alguma coisa, um corte. O consulente não pode permitir o mal por acomodação e indiferença. (Se carta do passado, ela pode significar que o consulente deixou que isso acontecesse.) A misericórdia deve ser equilibrada pela severidade. O número oito.
Invertida:	A misericórdia equilibra a severidade. O consulente deve ser um pouco tolerante e compreensivo, e não somente severo. O amor pode ser gentil. Misericórdia *não* é fraqueza.

O BUSCADOR
(O Eremita)

Descrição

Waite:	Um homem encapuzado está no topo de uma montanha, portando um bastão e levantando uma lanterna.
Golden Dawn:	Um homem olha para a frente segurando um bastão e uma lanterna.
Tarô das Bruxas:	Uma figura encapuzada (que pode ser um homem ou uma mulher) levanta uma lanterna para a direita da carta. No canto superior direito da carta está parte de uma esfera azul. No canto inferior esquerdo, parte de uma esfera amarela.
Interpretação:	Busca de luz. Desejo de procurar mais, de "ir um pouco adiante". Esforçando-se para chegar aos Anciãos. Futuro *possível* como professor, especialmente espiritual. Busca de um mestre. O número dez.
Invertida:	A luz chega. O encontro do mestre. O consulente recebe luz, aprende.

A JUSTIÇA

Descrição

Waite: Uma figura está sentada na frente de uma cortina, entre duas colunas. Ela empunha uma espada na mão direita e segura uma balança na esquerda.

Golden Dawn: A figura está sentada entre uma coluna branca e outra preta segurando a espada e a balança. Os pés descansam no que parece ser um lobo. Embora o livro se refira a essa figura como Néftis, ela parece ser do sexo masculino.

Tarô das Bruxas: A Justiça, com os olhos desvendados, empunha uma espada na mão direita e segura a balança na mão esquerda. Num dos pratos está a pluma de Maat, e no outro, um coração. No canto inferior direito está parte de uma esfera amarela. No canto superior esquerdo, parte de uma esfera vermelha.

Interpretação: Realização de todos os seus eus, vontade de crescer — busca da liberdade. Desenvolvimento do poder. Aceitação do karma. O número trinta.

Invertida: Ajuste, equilíbrio da balança. Colheita. Aprendizado através da necessidade, mas possivelmente lição espinhosa. Talvez o consulente tenha uma lição importante a aprender e, se surgirem dificuldades, terá de aceitar e procurar a lição dentro de si mesmo.

A RODA DA FORTUNA

Descrição

Waite: A Roda, inscrita com as letras TARO e o símbolo Yod He Vav He hebraico, tem uma esfinge em cima dela e um monstro tifão (símbolo de Set) embaixo. Nos cantos estão os Querubins Alados dos quatro elementos: Homem, Boi, Leão e Águia.

Golden Dawn: A Roda com doze raios nas cores do espectro tem uma esfinge alada acima e um babuíno (símbolo de Thot) abaixo dela.

ADIVINHAÇÃO COM O TARÔ ✛ **187**

Tarô das Bruxas:	A Roda, com oito raios, está obviamente rolando, não girando. Figuras jovens estão no lado direito (para baixo) e figuras mais maduras estão no lado esquerdo (para cima). No topo da carta, a metade inferior de uma esfera azul. Na base da carta, a metade superior de uma esfera verde.
Interpretação:	Busca do entendimento do objetivo da vida. Anseio de ter um objetivo. Idealismo. O consulente sente uma necessidade, mas não sabe de quê. Os altos e baixos da vida. O consulente deve compreender que a vida tem os seus problemas, os seus ciclos, e pode consolar-se com o fato de que tudo passa. Os números 20 e 500.
Invertida:	O consulente compreendeu o objetivo da vida, ou pelo menos sabe que existe um objetivo, embora ainda não tenha sido descoberto. O conhecimento desse objetivo virá em breve, de modo que ele pode começar a trabalhar.

O ENFORCADO

Descrição

Waite:	Está suspenso do T de um tronco em florescimento. Uma perna e os dois braços estão cruzados nas costas.
Golden Dawn:	A figura pende de um arco do que pode ser madeira ou rocha. O mar movimenta-se embaixo. Aqui também uma perna está cruzada atrás, mas as mãos estão amarradas acima da cabeça. Atrás da figura está um triângulo de Fogo.
Tarô das Bruxas:	Odin pende da árvore. Seus braços estão cruzados atrás das costas, de modo que os cotovelos e a cabeça formam um triângulo de Água. Embaixo dele, vemos o alfabeto futhark. No alto da carta, a presença da metade inferior de uma esfera vermelha; na base, a metade superior de uma esfera laranja.
Interpretação:	Necessidade de direção, de compreensão; busca dessas coisas. O consulente pode ter muito conhecimento, mas não é capaz de pô-lo em prática. Os números 40 e 600.
Invertida:	O consulente pode decidir-se por uma linha específica de estudo. Ele pode obter conhecimento a partir de uma

A MORTE

Descrição

Waite: Um esqueleto usando armadura conduz seu cavalo sobre o corpo de um rei e se aproxima de uma mulher e de uma criança. Ele porta um pavilhão com a imagem de uma rosa de cinco pétalas. Um bispo está diante da Morte.

Golden Dawn: Um esqueleto agita uma gadanha diante da cabeça de um rei. Outras partes do corpo estão espalhadas ao redor.

Tarô das Bruxas: Um esqueleto com uma gadanha "ceifa" cabeças humanas de várias classes sociais — um rei, um agricultor, uma mulher com coroa encimada por uma lua crescente. Todos estão sorrindo. No canto superior esquerdo vemos parte de uma esfera amarela, e no canto inferior direito, parte de uma esfera verde.

Interpretação: Expansão do consulente libertando-se do ponto de vista da Personalidade. Realização da Individualidade. Iniciação de Segundo Grau. Um novo começo, deixando para trás restrições desnecessárias. A experiência representada por este caminho pode ser dolorosa, mas o seu resultado será compensador. Os números 50 e 700.

Invertida: Tornando-se quem você é, conhecendo melhor a sua Personalidade atual e descobrindo por que você é quem é. Levando a iluminação a outros pela força da personalidade, desenvolvimento do carisma, aceitação de quem você é e do seu objetivo.

TEMPERANÇA

Descrição

Waite: Um anjo transfere um líquido de uma taça prateada para outra dourada. No peito do anjo há um quadrado com um triângulo no centro. O anjo (que seria o arcanjo Miguel) está com um pé na água e outro na terra.

Golden Dawn: Com um pé na água e outro na terra, um anjo transfere líquido de um vaso azul para outro vermelho. No fundo, um vulcão em erupção; o Sol brilha no alto.

Tarô das Bruxas: Uma mulher, de pé, braços estendidos para os lados. Sua coroa é um pentagrama que emite raios luminosos. A ponta superior emite um fluxo púrpura; o seguinte, à direita, um fluxo azul. A ponta inferior, à direita, projeta um raio vermelho e o inferior, à esquerda, um raio verde. Finalmente, a ponta superior esquerda emite um fluxo amarelo. Na mão direita, ela segura uma tocha e, na esquerda, um vaso azul. À sua frente está um caldeirão com a inscrição do símbolo de Marte, e fogo embaixo. Do caldeirão eleva-se vapor. À direita da mulher está uma águia; à esquerda, um leão. À esquerda da carta, vemos a metade de uma esfera laranja; à direita, parte de uma esfera verde.

Interpretação: Emoção e energia juntam-se à lógica e à mente. Às vezes um palpite pode solucionar um problema. O consulente pode estar preso à forma, mas receberá energia e inspiração. A criatividade soma-se à razão. Os números 80 e 800.

Invertida: Lógica e razão acrescentadas à emoção. A compreensão chega ao sentimento. O consulente pode ter um período regido pela emoção, mas a razão e a lógica se apresentarão para acrescentar estabilidade.

190 ✥ O TARÔ DAS BRUXAS

O CORNÍFERO
(O Diabo)

Descrição

Waite: Um diabo com cornos curvos e asas de morcego. A mão direita está erguida, como desejando a você "vida longa e próspera". Eden Gray diz que essa imagem é o "símbolo da magia negra". (Fico me perguntando o que os rabinos pensariam disso... ou o Sr. Spock.) Diante dele, uma mulher e um homem nus acorrentados e com rabo.

Golden Dawn: Um deus com cabeça de bode, chifres e asas de morcego. Sua mão direita segura outro chifre, e a mão esquerda uma tocha virada para baixo. Duas figuras corníferas estão acorrentadas ao altar sobre o qual está o diabo.

Tarô das Bruxas: No canto superior direito da carta está parte de uma esfera amarela. No inferior esquerdo, parte de uma esfera laranja. O Deus Cornífero impõe-se, robusto e belo, numa pequena elevação, as mãos erguidas em bênção. Abaixo dele estão um homem e uma mulher olhando para ele com alegria. O Deus Cornífero sorri para eles com carinho. O cenário é natural.

Interpretação: Aceitação do que não pode ser provado ou o aprendizado da existência do que não pode ser provado. Despertar da fé. Como A Morte e A Torre, geralmente essas experiências são dolorosas, mas o resultado compensa o sofrimento padecido. O número 70.

Invertida: Escravidão à forma — especialmente reconhecimento dessa escravidão e desejo de libertar-se. Busca de compreensão do que não pode ser provado. Iniciação do Segundo Grau. Reconhecimento de você mesmo além do seu sexo — consciência do Deus interior.

A TORRE

Descrição

Waite: O alto da torre, que parece ser uma coroa, é atingido por um raio. Um homem e uma mulher caem da Torre, que está em chamas.

ADIVINHAÇÃO COM O TARÔ ✛ **191**

Golden Dawn: O raio, emitido pelo Sol, atinge a Torre, mas neste caso o topo está levantado, de modo que é o interior que é atingido. Duas figuras caem da Torre, que está em chamas. Na direita, estão dez esferas brancas dispostas como as esferas da Árvore da Vida. Na esquerda, estão onze pontos dispostos do mesmo modo, com a diferença de que há duas esferas na posição de Yesod.

Tarô das Bruxas: O topo da carta é ocupado por uma esfera amarela e a sua base pela metade superior de uma esfera púrpura. Um raio emitido pela esfera amarela atinge a torre, que está com o topo levantado. O clarão desce pela torre, saindo pelas janelas e pela entrada, significando que o raio a atinge por inteiro.

Interpretação: Dirigindo-se para a iluminação. Possível iniciação. Número 60.

Invertida: O raio atinge e o consulente aprende a respeito de si próprio. Embora possa ser muito dolorosa, a experiência é de crescimento e pode livrar o consulente de muito lixo, desde que ele a aceite.

AS ESTRELAS

Descrição

Waite: Uma mulher nua está ajoelhada, apoiando o joelho da perna esquerda na terra e o pé da direita na água. Ela derrama água de um dos vasos num lago e do outro na terra. No céu, oito estrelas de oito pontas.

Golden Dawn: Uma mulher nua está ajoelhada com um pé na água e o joelho na terra, derramando água de um vaso azul e de outro vermelho na água. Acima dela brilham oito estrelas de sete pontas.

Tarô das Bruxas: Uma mulher nua está de joelhos, derramando água de uma jarra azul e de outra vermelha num poço. O poço está no canto inferior esquerdo da carta, onde vemos também parte de uma esfera púrpura. Atrás dela está uma oliveira. Acima dela vê-se uma grande estrela de sete pontas. Outras estrelas menores também aparecem no céu. No canto superior direito, parte de uma esfera verde.

192 ✛ O TARÔ DAS BRUXAS

Interpretação:	Inspiração, energia criativa, idéias criativas — consulente inspirado — ele sabe o que quer dizer, criar. A energia do movimento acrescentada à magia. Os números 90 e 900.
Invertida:	Esforçando-se para alcançar o sucesso, buscando a criatividade. Desejo, aspiração, busca da emoção, desejo de criatividade. O consulente pode desejar uma carreira na arte e nos campos da criatividade.

A LUA

Descrição

Waite:	A Lua franze o cenho para um cão e um lobo que latem para ela. No primeiro plano, água e um lagostim rastejando para a terra. Um caminho estende-se à distância entre duas torres.
Golden Dawn:	Bastante semelhante à carta de Waite, com a diferença apenas de que as torres são claramente vermelha e azul, e os animais parecem estar olhando para a lagosta.
Tarô das Bruxas:	A Lua, representada em todas as fases, brilha sobre as seguintes cenas: um caminho estende-se do horizonte até a beira do mar, onde se vê uma lagosta saindo da água. Um escaravelho rasteja no caminho. À esquerda, um lobo e, à direita, um cachorro uivam para a Lua. No mar, vêem-se dois peixes nadando em direções opostas. No canto superior direito está parte de uma esfera verde; no inferior esquerdo, uma esfera verde-oliva.
Interpretação:	Evolução física, aprendizado sobre a natureza, aceitação do que está oculto. Olhando sob a superfície. O número 100.
Invertida:	Usando um verniz. Recusa de aceitar todas as partes do eu. Acontecimentos na vida podem ter causas genéticas. O que está oculto pode vir à luz. Você pode aceitá-lo?

ADIVINHAÇÃO COM O TARÔ ✛ 193

O SOL

Descrição

Waite:	Uma criança nua segurando uma faixa cavalga um cavalo. O Sol brilha sobre a criança e sobre o jardim em torno dela.
Golden Dawn:	Duas crianças de pé — uma na água, a outra na terra. Há um muro atrás delas. O Sol brilha sobre elas.
Tarô das Bruxas:	Duas crianças de pé, de mãos dadas — uma na água, a outra na terra. O Sol brilha sobre elas. Atrás delas há um muro de doze pedras. No canto superior esquerdo está parte de uma esfera laranja. No inferior direito, uma esfera púrpura.
Interpretação:	Busca do conhecimento, começo do estudo, progresso, decisão de procurar o conhecimento. O número 200.
Invertida:	Iluminação; é encontrada a solução do problema.

O JULGAMENTO

Descrição

Waite:	Pessoas levantando-se de caixões, braços levantados na direção de um anjo que toca uma trombeta. Um pavilhão com uma cruz de braços iguais drapeja preso à trombeta.
Golden Dawn:	Um anjo sopra uma trombeta com flâmula. Ele está rodeado de serpentes flamejantes e de um triângulo de Fogo. Embaixo, três figuras emergem do mar e uma de um caixão.
Tarô das Bruxas:	No alto da carta, Miguel toca uma trombeta. Em torno dele, uma luz brilhante, como os raios do Sol; nesses raios dançam serpentes flamejantes. Embaixo dele, e em cada lado, formando um triângulo, estão as seguintes figuras: à direita, uma mulher "duplicada" sai da água, braços estendidos para Miguel. À esquerda, elevando-se da terra, uma figura masculina, braços também estendidos na direção do anjo. Embaixo de tudo isso, outra figura, de costas para o observador, levantan-

194 ✛ O TARÔ DAS BRUXAS

do-se de um túmulo cubiforme de pedra. Os braços da figura estão estendidos para os lados, as palmas para cima. No canto superior esquerdo está parte de uma esfera laranja. No inferior direito, parte de uma esfera castanho-avermelhada.

Interpretação: Despertar espiritual, visão de algo além do físico. Possível conhecimento de vidas passadas. O número 300.

Invertida: O conhecimento vem do passado — alguém ou alguma coisa do passado aproxima-se do consulente. O consulente traz algo valioso para o mundo.

O UNIVERSO

Descrição

Waite: Uma donzela flutua no ar, usando apenas uma manta ao redor do corpo. Ela está envolvida por uma grinalda de folhas e segura um bastão em cada mão. Os querubins dos elementos estão nos quatro cantos.

Golden Dawn: Uma mulher nua com uma manta flutuando ao seu redor usa uma lua crescente de Ísis e segura dois bastões. Suas pernas formam uma cruz. Ela está envolvida por 72 círculos pequenos e 12 grandes. Os querubins dos elementos estão nos cantos da carta.

Tarô das Bruxas: Uma mulher flutuando no espaço. Os símbolos dos querubins elementais estão nos quatro cantos. Ela está nua, com apenas uma manta com as cores do arco-íris envolvendo-a. A perna esquerda está dobrada atrás da direita, formando com ela uma cruz. Ela segura uma espiral em cada mão — uma espiralando para cima, a outra para baixo. Em torno dela está um círculo formado por círculos menores. No alto da carta está a parte inferior de uma esfera púrpura. Na base da carta, a parte superior de uma esfera ocre.

Interpretação: Nascimento, morte. Começos, fins, conclusões. Manifestação prestes a ocorrer. O número 400.

Invertida: Anseio de alcançar coisas superiores, objetivos, desejos, aspirações; desejo de chegar ao que está além do físico.

PARTE III: APÊNDICES

APÊNDICE I

ARRANJOS/MODELOS DE LEITURA

Como Embaralhar as Cartas

Embora este método seja mencionado em várias outras fontes, ele me foi ensinado pela minha Grã-Sacerdotisa. As cartas devem ser embaralhadas de modo que algumas fiquem invertidas, de cabeça para baixo. Para isso, "corte" o baralho ao meio, dê uma meia volta à metade cortada e recoloque-a sobre a outra metade. Em seguida, embaralhe como de costume. Se a leitura for para outra pessoa, é nesse momento que você lhe entrega o baralho para que ela mesma o embaralhe.

Quando as cartas estão embaralhadas ao seu gosto, corte-as duas vezes, dispondo o baralho em três pilhas, distribuídas da direita para a esquerda (Figura 1). Depois, recolha-as com a mão esquerda, novamente da direita para a esquerda, de modo que a primeira pilha colocada seja a primeira a ser recolhida (Figura 2).

Agora as cartas estão prontas para serem deitadas. Use o método de distribuição que lhe for mais satisfatório. Alguns livros ensinam que a carta deve ser tirada do baralho de modo que a sua posição, de pé ou invertida, seja a mesma de como estava no baralho. Eu discordo. Ao manusear as cartas, é importante que você se sinta natural e à vontade com elas. Eu seguro o baralho na mão esquerda, retiro a carta de cima pelo canto superior direito e dou-lhe um pequeno piparote ao lançá-la. Faça como achar melhor. É irrelevante o método seguido, se for realmente o seu.

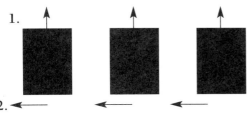

(As cartas estão viradas para baixo)

Arranjos do Tipo Sim ou Não

Esses dois arranjos não pressupõem familiaridade com as cartas ou com interpretações. Eles só exigem que você saiba reconhecer um ás e dizer se uma carta está de pé ou invertida!

Arranjo de Uma Carta

Simplesmente embaralhe as cartas, corte e vire a carta de cima. Se ela estiver de pé, a resposta é "Sim"; se estiver invertida, "Não."

Arranjo de Três Cartas

Embaralhe e corte. Comece lançando as cartas numa pilha, interrompendo quando aparecer um ás ou a 13ª carta. Faça assim até ter três pilhas. A interpretação é a seguinte:

1. Três Ases — Sim
2. Dois Ases — Provavelmente
3. Um Ás — Provavelmente não
4. Nenhum Ás — Não

Cruz Celta

É provável que esta seja a disposição mais popular das cartas, talvez porque ela seja boa. As cartas são distribuídas conforme indica a Figura 3. São interpretadas deste modo:

1. Influências atuais
2. Acontecimentos atuais que afetarão o consulente
3. Acontecimentos passados que afetarão o consulente
4. Influências passadas ou que estão passando
5. Acontecimentos futuros
6. Influências futuras
7. Ambiente
8. Força do consulente
9. Esperanças e medos
10. Resultado final

APÊNDICES ✝ **199**

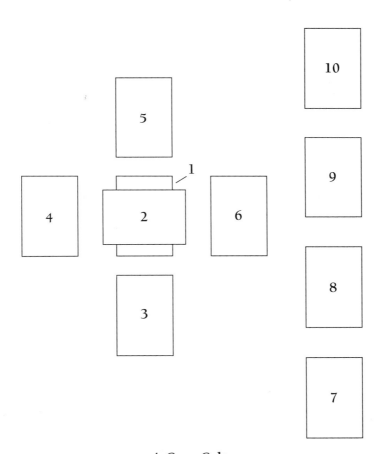

A Cruz Celta

Naturalmente, pode haver mais de uma carta em cada posição se uma das tiradas for uma carta da corte.

Talvez seja mais fácil entender o modelo de leitura exposto a seguir se você tirar as cartas indicadas e as distribuir.

Modelo de Leitura

O consulente está pensando em mudar de profissão e gostaria de uma orientação nesse sentido.

As cartas tiradas foram:

1. O Enforcado invertida
2. Dez de Copas
3. Quatro de Espadas
4. Quatro de Paus
5. Oito de Paus
6. Ás de Paus invertida
7. Os Amantes invertida
8. A Justiça invertida
9. Quatro de Ouros
10. Sumo Sacerdote invertida

1. INFLUÊNCIAS ATUAIS

O Enforcado invertida: O consulente pode definir-se por uma nova linha de estudos. A mudança de carreira, ou o desejo dessa mudança, pode ter vindo "do nada", e é algo em que ele não esteve pensando até o momento. Ele talvez não entenda o motivo desse novo interesse e desejo, mas acha a situação muito estimulante.

2. ACONTECIMENTOS ATUAIS

Dez de Copas: Apesar da situação inesperada, alguma coisa aconteceu para que o consulente se sentisse mais seguro com relação aos seus sentimentos. A mudança de profissão está se tornando algo realmente imperioso para ele.

3. ACONTECIMENTOS PASSADOS

Quatro de Espadas: No passado, o consulente trabalhou muito para conseguir alguma coisa na vida. Essas ações lhe serão muito úteis em sua atividade futura.

4. INFLUÊNCIAS PASSADAS

Quatro de Paus: O consulente recebeu orientação no passado, muito provavelmente dos Anciãos. A vida até este momento esteve lhe oferecendo experiências que lhe serão proveitosas no presente e no futuro.

5. ACONTECIMENTOS FUTUROS

Oito de Paus: Esta carta mostra progresso nos estudos e no aprendizado. O consulente estudará muito e aprenderá muitas coisas novas. A nova carreira exigirá isso dele.

6. INFLUÊNCIAS FUTURAS

Ás de Paus invertida: Haverá uma certa demora em começar a nova carreira. Há algumas coisas que precisam ser feitas antes. É provável que essas coisas estejam relacionadas com os estudos mencionados na carta anterior.

7. AMBIENTE

Os Amantes invertida: O ambiente está ajudando o consulente a dar-se conta do seu valor e potencialidades. Pode ser a percepção de uma capacidade inata relacionada com a nova profissão.

8. FORÇAS

A Justiça invertida: A força do consulente está nas lições que ele aprendeu no passado. Ele se tornou quem é e o que é em virtude dessas lições, especialmente das mais difíceis.

9. ESPERANÇAS E MEDOS

Quatro de Ouros: O consulente quer segurança e estabilidade, o que talvez não seja possível, pelo menos no início, com a nova carreira. Possível relutância em dar menos atenção a essas necessidades.

10. RESULTADO FINAL

Sumo Sacerdote invertida: O consulente deve seguir com o fluxo. Ele está sendo levado, e o que está para acontecer é o que está destinado a acontecer.

Tudo o que precede parece indicar ao consulente que a mudança de profissão será boa, se ele estiver disposto a estudar e aprender o que for necessário. Há coisas que precisam ser feitas, mas quando elas estiverem concluídas, a nova carreira será impulsionada. Em outras palavras, aceite o desafio!

DISPOSIÇÃO DAS QUATRO ESTAÇÕES

Esta disposição foi concebida pelo meu marido, Chris. Ela mostra as quatro estações solares — Primavera, Verão, Outono e Inverno — com as influências em cada uma.

1. Primavera: o início de uma questão
2. Influencia a carta nº 3
3. Verão: a questão continua
4. Influencia a carta nº 5
5. Outono: colheita, a questão chega a uma conclusão
6. Influencia a carta nº 7
7. Inverno: o que pode ser aprendido com a questão e o que deve ser feito
8. Influencia a carta nº 1

Este método pode confundir um pouco porque as cartas não são lidas na ordem em que foram distribuídas. Sugiro que você distribua as cartas e as examine bem antes de prosseguir.

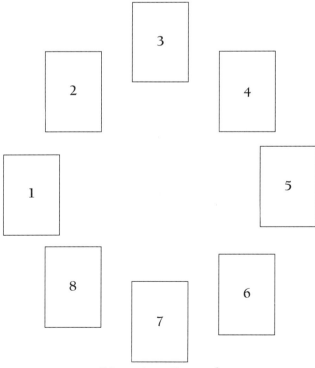

Disposição Sazonal

APÊNDICES ✧ 203

Modelo de Leitura

A consulente está para se mudar para uma nova casa e quer saber o que o futuro lhe reserva. As cartas foram tiradas assim:

1. Dez de Paus
2. A Justiça
3. Quatro de Ouros invertida
4. Rainha de Ouros, Dois de Espadas invertida
5. Oito de Espadas
6. Ás de Paus
7. O Buscador invertida
8. Temperança invertida

1. *Dez de Paus*: O início. A mudança é o resultado dos desejos da consulente tornados manifestos. Eu sei que a consulente havia feito trabalho de magia para conseguir casa própria — esta carta confirma que essa é a casa certa.

8. *Temperança invertida*: Influenciando a carta acima, mostra que embora as decisões da consulente fossem influenciadas pela emoção, elas também foram tomadas com lógica e razão.

3. *Quatro de Ouros invertida*: A questão continua. A consulente terá de ser muito criteriosa com o dinheiro e deve organizar-se.

2. *A Justiça*: Mostra que a consulente conseguirá a necessária disciplina e organização.

5. *Oito de Espadas*: A mudança e tudo o que ela envolve se darão a contento e terminarão bem.

4. *Rainha de Ouros, Dois de Espadas invertida*, modificando a carta acima, mostram que a mudança, embora concluída, está de certo modo apenas começando. (Afinal, embora plantemos na primavera, a Deusa semeia no outono, lembra-se?) Essa casa e essa mudança são o começo de um novo ciclo.

7. *O Buscador invertida*: A consulente descobrirá que a mudança será uma experiência de aprendizado em si mesma e possibilitará mais aprendizado ainda.

6. *Seis de Paus*, modificando a carta acima, mostra que tudo o que aconteceu com relação à mudança *e* à sua causa original devia acontecer, e isso para benefício da consulente, tanto no aspecto espiritual como em outras esferas.

APÊNDICE II

AS JORNADAS DOS CAMINHOS

Estas meditações dirigidas são muito apropriadas para orientar os grupos em seu desenvolvimento espiritual. Cada jornada tem seu propósito, suas próprias lições.

O 32º Caminho entre Malkuth e Yesod é um caminho de Busca Interior, de mergulho no inconsciente. Como o seu simbolismo reflete Binah em muitos aspectos, ele é também um caminho de contato mais íntimo com a Grande Mãe. A realização desta jornada pode desencadear pensamentos e buscas no íntimo do estudante, fazendo emergir coisas que estiveram profundamente enterradas. Yesod é o primeiro passo além do físico, e o 32º Caminho pode conduzir a uma melhor compreensão da relação entre o físico e o não-físico. Esta é a primeira jornada no Plano Interior da Árvore que devemos fazer e refazer com freqüência.

O 31º Caminho entre Malkuth e Hod tem relação com a evolução psíquica, espiritual e intelectual. A viagem neste caminho pode ensinar muito sobre as vidas passadas e sobre os aspectos dessas vidas que são importantes hoje, na vida atual. Ela também tem a ver com a fala e a comunicação, com o desenvolvimento de idéias e o desenvolvimento da sabedoria na humanidade.

O 29º Caminho, entre Malkuth e Netzach, diz respeito à evolução física, com ambos os aspectos da Natureza, os agradáveis e os desagradáveis, e com a aceitação da vida física como ela é. Ele está associado ao comportamento instintivo, às energias naturais, às capacidades psíquicas que muitos acreditam que eram possuídas pelos Antigos mas que hoje se perderam. Quase todos nós não acreditamos que eles se perderam, mas que simplesmente ficaram encobertos, devido à falta de uso e à descrença. O trabalho sobre o 29º Caminho pode ajudar a remover algumas dessas camadas.

Esses três caminhos representam três aspectos da busca e do crescimento: primeiro, a busca propriamente dita no 32º Caminho; em seguida, o desenvolvimento das capacidades naturais no 29º Caminho; e, por fim, o desenvolvimento das capacidades intelectuais organizadas no 31º.

Recomendo que o 32º Caminho seja percorrido no início com mais freqüência, para manter o equilíbrio. As energias de Yesod, Hod e Netzach são igualmente importantes, e num segundo momento o trabalho deve ser feito nos três.

Os que se dispõem a realizar a jornada no Plano Interior devem assumir uma posição livre de tensões e relaxar. Uma respiração rítmica e um exercício de relaxamento são recomendáveis como preparação. As luzes devem ser suaves, apenas suficientes para poder ler o roteiro. Isso pode ser feito com uma vela, se a jornada estiver impressa em papel. Ao ler, posicione o papel entre você e a vela para que a luz atravesse o papel.

As instruções devem ser lidas lentamente, numa voz tranqüila, com pausas entre as frases para que os caminhantes visualizem o que é descrito. Uma pausa maior, de 30 segundos a um minuto, deve ser feita entre os parágrafos. Outra forma de medição é contar as batidas do coração. Embora o batimento cardíaco não seja idêntico em todos, contá-los com o valor de um segundo lhe dará um equivalente bastante próximo.

Quando a jornada chega ao templo mais distante e este é descrito, as três jornadas apresentam uma sugestão de que os viajantes podem receber uma mensagem. Neste ponto deve ser feita uma pausa mais longa, de dois a cinco minutos.

O caminho de volta pode ser percorrido um pouco mais rapidamente.

Os resultados dessas jornadas raramente se revelam logo depois de realizadas. Se quiser (e eu recomendo), você pode comentar sobre a experiência com as pessoas presentes — façam depoimentos, comparem sensações e sentimentos.

Naturalmente, se achar conveniente, você pode acrescentar outros elementos que possam aprofundar essas experiências. Por exemplo, se um aroma é mencionado e você dispõe do óleo ou incenso correspondente, use-o para intensificar o efeito. Música de fundo é recomendável, desde que adequada.

Se você quiser criar jornadas no Plano Interior para outros caminhos, recomendo *A Practical Guide to Qabalistic Symbolism, Vol. II*, de Gareth Knight, e *A Garden of Pomegranates*, de Israel Regardie, como fontes para correspondências e idéias. Esses livros dão informações sobre o significado dos caminhos e detalhes sobre a correspondência desses caminhos que podem ajudá-lo a criar alguns roteiros pessoais muito eficazes.

Roteiros e outras informações podem ser encontrados em *Magical States of Consciousness*, de Denning e Philips, e em *The Shining Paths*, de Dolores Ashcroft-Nowicki.

Jornada do 32º Caminho

Vocês estão no interior de um templo. O piso é feito de quadrados brancos e pretos. Vocês podem ver pilares à direita e à esquerda, mas não conseguem ver as paredes além deles. No centro do templo, vocês vêem um altar feito de madeira negra. O altar é um cubo duplo, um sobre o outro, e está coberto com uma toalha branca. Sobre ele estão os símbolos dos quatro elementos, dispostos nos quadrantes correspondentes: uma rosa para Ar no Leste, uma lâmpada vermelha para Fogo no Sul, um cálice para Água no Oeste e um recipiente com sal para Terra, no Norte.

Adiante, para o Leste, estão duas colunas — uma preta à esquerda e uma branca à direita. Vocês passam entre as duas seguindo na direção da parede oriental. À frente vocês vêem uma carta de Tarô do tamanho de uma porta. É a carta O Mundo. Vocês a estudam por um momento, depois a atravessam e chegam ao outro lado.

O nosso guia está esperando. Ele é uma figura encapuzada, face encoberta, e leva na mão uma foice semelhante ao símbolo de Saturno. Ele nos leva por um caminho ladeado de ciprestes, freixos, heléboros e teixos.

Chegamos a um rio, e na margem vemos um crocodilo. Passamos por ele, mas não sentimos medo. Cruzamos o rio num barco e alcançamos a outra margem, onde continuamos a nossa jornada.

Estamos novamente numa floresta, e enquanto caminhamos vemos espalhados entre as árvores grandes pedaços de carvão, cubos de sal e, aqui e ali, opalas cintilantes.

Perto da estrada está um grande touro. Ele nos observa enquanto passamos, mas não temos medo dele.

Chegamos a um templo encantador, um templo hindu dedicado a Brahma. Podemos entrar, se quisermos.

Nosso guia nos acena e nós continuamos. Vemos à frente um templo. Ele tem nove lados, e sobre a porta principal vemos uma Lua Crescente.

Chegamos ao templo e subimos os nove degraus que dão para a entrada. Quando entramos, descobrimos que o templo está impregnado com o aroma do jasmim.

O templo está aberto para o céu, e uma Lua Cheia é a nossa única claridade. O piso apresenta tons de púrpura e alfazema em constante mudança.

No centro do templo está um altar em forma de lua crescente, e além dele um pedestal. No pedestal vemos a figura de um homem jovem, forte, despido. Enquanto o observamos em silêncio, admirando a sua força e beleza, ele pode falar com cada um de nós.

(Pausa longa)

É hora de voltar. Deixamos o templo, descemos os nove degraus. Passamos pelo templo hindu, pelo touro, e seguimos na direção do rio.

Cruzamos o rio novamente, passando pelo crocodilo.

Estamos novamente na estrada ladeada de ciprestes, freixos, heléboros e teixos.

Adiante, está a porta pela qual entramos. Quando nos aproximamos dela, o nosso guia se detém.

Passamos pela porta e estamos de volta ao templo onde começamos. Vamos até o altar.

O templo se desvanece aos poucos, lentamente, muito lentamente e, no mesmo ritmo, a sala onde nos encontramos reaparece.

Estamos de volta a este plano.

Jornada do 31º Caminho

Vocês estão no interior de um templo. O piso é feito de quadrados brancos e pretos. Vocês podem ver pilares à direita e à esquerda, mas não conseguem ver as paredes além delas. No centro do templo vocês vêem um altar feito de madeira negra. O altar é um cubo duplo, um sobre o outro, e está coberto com uma toalha branca. Sobre ele estão os símbolos dos quatro elementos, dispostos nos quadrantes correspondentes: uma rosa para Ar no Leste, uma lâmpada vermelha para Fogo no Sul, um cálice para Água no Oeste e um recipiente com sal para Terra no Norte.

Adiante, para o Leste, estão duas colunas — uma negra, à esquerda, e uma branca, à direita. Caminhem na direção delas e olhem à esquerda da coluna negra. Vocês vêem um mural da carta O Julgamento. Aproximem-se dele.

Quando vocês chegam mais perto, o mural se abre. Além dele, o mundo é um pouco mais escuro. A luminosidade que existe parece vir de uma tocha levada pelo nosso guia. Ele está esperando que atravessemos a porta. Fazemos isso, e a porta se fecha atrás de nós.

Nosso guia está usando vestes de um vermelho vivo. Quando ele se vira, acenando-nos para segui-lo, vemos dois símbolos nas costas dele: a letra Shin e o signo astrológico de Leão — o querubim do Fogo. Ambos parecem ser feitos de chamas vivas, de línguas de fogo.

Seguimos o nosso guia. Embora seja difícil perceber, tudo indica que estamos num deserto. O ar está quente e seco. Sentimos areia debaixo dos pés.

Há pedras espalhadas pelo caminho e, nas laterais, pedras pequenas. De vez em quando, a luz da tocha reflete nelas, que respondem com chispas de fogo — são opalas de fogo.

À distância aparece uma luz. À medida que nos aproximamos, essa luz se torna mais brilhante. Podemos ver que ela vem de dentro de uma construção, talvez através de uma grande porta.

Aproximamo-nos da construção e olhamos para dentro. É a forja de um ferreiro. As chamas iluminam a maior parte do espaço, formando sombras negras onde sua claridade não chega. Podemos ver o ferreiro trabalhando. As chamas bruxuleantes e as sombras escuras dão-lhe uma aparência que não é terrena. Ele é muito forte e grande, lembrando o deus Vulcano, o Ferreiro dos Deuses.

Nosso guia nos apressa... e nos conduz a uma escuridão ainda mais profunda.

Ao longo do caminho, a luz da tocha deixa ver papoulas, papoulas vermelhas.

Outra luz aparece à frente, proveniente de uma pequena casa de agricultores.

Quando nos aproximamos, vemos através das janelas uma família reunida em torno de uma lareira. Um homem está com os pés apoiados num banquinho, fumando um cachimbo. Uma mulher parece estar fazendo alguma coisa com as mãos, talvez tricô... não conseguimos ver bem. Uma menina está perto do fogo segurando um tipo estranho de jarra de argila. Essa jarra é bem estreita na base, e não ficaria de pé se fosse posta sobre alguma coisa.

Outra menina, mais nova, está com os olhos fixos nas chamas, vendo muitas coisas.

Observemos essa família por alguns instantes.

Continuamos. Novamente vemos flores à luz da tocha, dessa vez hibiscos, bem altos.

É muito escuro além dos limites da tocha. Bem à frente, pequenos pontos de luz se tornam mais claros à medida que avançamos. Eles não estão perto da estrada e formam um círculo irregular. Nosso guia nos diz que são fogueiras de um grupo de nômades.

Aprofundamo-nos ainda mais na escuridão. De repente, surge uma figura à nossa frente, mal perceptível. Ela se torna mais definida a cada passo que avançamos.

É um homem, de pé e com as mãos em concha. A luz brilha nas suas mãos. Agora estamos bem próximos e podemos reconhecê-lo. É Prometeu, oferecendo-nos o fogo que tem nas mãos. Se quisermos, podemos aquecer as mãos sobre a chama.

Agradecemos a Prometeu e continuamos.

À frente aparece um fulgor alaranjado no meio da escuridão, bem no nosso caminho. Descobrimos que com a fragrância do incenso mistura-se a fragrância da resina do liquidâmbar. O aroma vem da direção do fulgor alaranjado.

O fulgor vem de um lugar atrás de uma parede. Passamos por uma porta e vemos um templo. O fulgor alaranjado tem origem nas próprias paredes do templo, que é de forma irregular, não retangular.

Há uma porta à nossa frente. Ao sinal do nosso guia, entramos e olhamos ao redor.

Podemos ver que a construção tem oito lados. Em quatro desses lados há portas: aquela por onde entramos, uma exatamente na direção oposta a ela, e outras duas à nossa esquerda.

Ao redor de nós, em toda a extensão, vemos livros, pergaminhos, tabuletas de pedra, de cera e de argila. Duas estátuas estão colocadas no centro da sala. Uma é de Mercúrio, com capacete alado e calcanhares alados. A outra é de Tehuti, o deus egípcio do conhecimento e da sabedoria, com cabeça de íbis. Contemplemos essas estátuas durante um momento, prestando-lhes a nossa homenagem.

Vejam novamente os livros, pergaminhos e tabuletas ao seu redor. Olhem com atenção. Vocês podem ler alguns deles. Procurem durante alguns minutos. Talvez haja aqui algum conhecimento que vocês precisem.

É hora de partir. Reunimo-nos novamente diante das estátuas. Elas parecem olhar para nós, olhos cheios de sabedoria.

O nosso guia está esperando à porta. Nós o seguimos escuridão adentro... cruzando a porta.

Novamente vemos Prometeu, que nos oferece o fogo em suas mãos em concha. Formem uma concha com as mãos e aproximem-se dele.

O fogo aparece nas mãos de vocês. Ele não queima, embora possam sentir o seu calor. Talvez vocês sintam alguma dor num momento ou outro, mas é uma dor suportável. Caminhem com atenção para proteger a sua pequena chama.

Aproximamo-nos do lugar onde vimos as fogueiras, e por um momento não as vemos. De repente, o fogo nas mãos de vocês brilha e o círculo de fogueiras aparece à distância.

Vemos os hibiscos à luz desse clarão.

A chama nas mãos de vocês reluz novamente, e a luz da casa dos agricultores aparece na distância. Passamos por ela, vendo a família reunida.

As papoulas refletem a luz enquanto passamos.

Com outra chama do fogo que vocês seguram, a forja aparece à nossa frente... com suas chamas e sombras, sons do ferreiro trabalhando.

Opalas de fogo refletem a chama que vocês levam.

Nosso guia pára à porta. Despedimo-nos dele, agradecemos-lhe e cruzamos a porta que se abre à nossa aproximação.

Entramos no templo onde a nossa jornada começou. Vamos até o altar no centro.

Há sobre o altar uma vela para cada um de vocês. Vocês podem acendê-las com o fogo que carregam... Elas se acendem e queimam com grande intensidade.

Dêem um passo atrás. Depois de um momento, a visão de vocês parece toldar-se... e quando ela volta ao normal... todas as velas se tornaram uma só.

Enquanto vocês olham, o templo se dissipa... lentamente... e da mesma maneira lenta a sala começa a aparecer. Abram os olhos. Olhem ao redor. Agora, por um momento, fechem os olhos novamente. Vocês ainda conseguem ver a chama da vela queimando.

Respirem profundamente, expirem. Estamos de volta ao lugar onde começamos.

Jornada do 29º Caminho

Vocês estão no interior de um templo. O piso é feito de quadrados brancos e pretos. Vocês podem ver pilares à direita e à esquerda, mas não conseguem ver as paredes além deles. No centro do templo vocês vêem um altar feito de madeira negra. O altar é um cubo duplo, um sobre o outro, e está coberto com uma toalha branca. Sobre ele estão os símbolos dos quatro elementos, dispostos nos quadrantes correspondentes: uma rosa para Ar no Leste, uma lâmpada vermelha para Fogo no Sul, um cálice para Água no Oeste e um recipiente com sal para Terra no Norte.

Adiante, para o Leste, estão duas colunas — uma negra, à esquerda, e uma branca, à direita. Vocês se aproximam delas e vêem que à direita do pilar branco, e além dele, está um grande quadro do tamanho de uma porta.

Aproximem-se mais, para ver mais claramente.

Vocês descobrem que o quadro é a carta A Lua, do Tarô. Ao se aproximarem ainda mais, vocês descobrem que o quadro é um espelho, e podem ver o reflexo de vocês nele. Estudem esse reflexo durante alguns minutos.

Vão até o espelho. De repente, vocês percebem que podem passar por ele. Façam isso e dêem alguns passos. Olhem para trás e vejam o templo através dele.

Agora olhem ao redor.

Parece que estamos num mundo subaquático... a luz é fraca e oscilante. À nossa frente, até onde conseguimos ver, estende-se uma vastidão de areia amarelo-clara. O nosso guia aparece... um golfinho que nos saúda e começa a guiar-nos pela areia. No lado dele, vemos uma marca estranha, a letra hebraica Qoph.

Apesar de aparentemente estarmos debaixo da água, não temos dificuldade para respirar e não sentimos resistência aos nossos movimentos.

Encontramos uma ostra gigante, maior do que qualquer um de nós e, enquanto a olhamos, ela se abre... para mostrar uma pérola gigante. Podemos deter-nos para olhar para ela se quisermos.

Milhares de peixes nos rodeiam... quase sempre nadando aos pares.

Um pouco adiante, um peixe realmente muito bonito, com linhas graciosas e belas cores, nada despreocupado. A graça do seu movimento e a sua beleza são fascinantes.

De repente, sem aviso, surge um peixe maior e de igual beleza. Ele ataca o peixe menor, mordendo-o e retalhando um grande pedaço. Ele ataca repetidas vezes, estraçalhando o pequeno peixe... O que era beleza transforma-se em sangue e pedaços de carne afundando no leito de areia. Pequenos caranguejos e outros moluscos e crustáceos que vivem no fundo do mar se apressam para chegar a esses restos.

É estranho, mas não temos medo, e também não nos sentimos horrorizados diante desse acontecimento natural. Continuemos a nossa caminhada.

Bem à frente, quase no limite da nossa visão, vemos o que parece ser um templo. No seu centro, parece estar uma figura negra, talvez uma estátua, mas estamos muito longe para distinguir o que é.

Logo adiante, porém, está uma estátua que é fácil identificar. É a figura do Rei Netuno, de porte régio, cauda em curva e um tridente.

Continuamos seguindo o nosso guia e temos uma bela visão. Dois peixes estão se acasalando perto de uma pedra. A fêmea nada lentamente sobre a pedra, depositando os seus ovos; o macho a segue, e com a mesma graça de movimentos, fertiliza-os. É uma dança da vida, graciosa, feita com todo o cuidado... uma alegria de se ver.

O templo à frente está um pouco mais próximo agora. Podemos ver a estátua mais claramente. É a estátua da Afrodite Negra — uma representação rude e primitiva: feições largas, seios enormes, genitália intumescida — quase uma caricatura de mulher.

O golfinho acena. Continuamos a caminhar.

Logo fora do caminho, vemos um depósito de âmbar-gris, deixado por uma baleia doente. É uma visão desagradável, mas de grande valor para muitos.

A luz parece estar mudando. Ela é mais brilhante e firme... e o nosso caminho começou a subir.

Agora, o templo à frente pode ser visto com clareza. Vemos a estátua com nitidez, mas ela parece um tanto diferente. Ela é menos rude, menos grosseira — as feições e a figura são mais refinadas. Com cada passo que damos, ela muda. Cada vez que olhamos para ela, ela é mais delicada, a face com feições mais refinadas, o corpo com curvas mais graciosas... e no entanto, percebemos, ela não é mais bonita do que era... é simplesmente diferente.

Está ficando difícil caminhar. O nosso caminho tornou-se ainda mais íngreme. Um escaravelho cruza por ele, apressado.

A luz se torna cada vez mais brilhante, e de repente não estamos mais debaixo da água, mas de pé no primeiro dos sete degraus que dão para o templo. Enquanto subimos esses degraus, sentimos uma onda de fragrância de rosa. O templo em si é verde, e uma abundância de vida vegetal o envolve.

Entramos no templo. É como se estivéssemos no meio de uma floresta silenciosa e tranqüila, com sons de pequenos animais e pássaros no fundo. A estátua agiganta-se acima de nós num pedestal que é uma grande esmeralda. Não há dúvida agora; é a bela Afrodite: esguia, forte, adorável, nua. A atmosfera do templo é de amor por todas as criaturas, por toda a vida.

Uma sacerdotisa se aproxima de nós silenciosamente, saudando-nos com um sorriso. Enquanto permanecemos em silenciosa adoração à Deusa, ela fica ao nosso lado, unindo-se a nós no nosso ato, e talvez nos fale.

É tempo de voltar. Deixamos o silêncio verde do templo, descemos os degraus para o mundo subaquático.

O nosso golfinho-guia nos espera.

O escaravelho observa enquanto passamos.

Passamos pelo âmbar-gris e pela pedra onde os peixes estavam se acasalando.

Aproximamo-nos e passamos pela estátua de Netuno.

Passamos pelo ponto onde o peixe foi morto... pela ostra gigante, agora fechada.

À frente está o espelho... a carta A Lua.

Despedimo-nos do nosso guia e atravessamos a carta, de volta para o primeiro templo. Vemos os pilares, o altar, o piso branco e preto.

Aproximamo-nos do templo e ficamos ao seu lado. O templo se desvanece, lentamente, e lentamente a sala reaparece.

Respiramos profundamente, expiramos. Estamos de volta ao ponto de partida.

APÊNDICE III

ATRIBUIÇÕES

Todas as atribuições são temas apropriados para meditação. Sugiro que você mantenha um registro das suas meditações, temas e resultados.

Se você ainda não tem um diário, recomendo que passe a adotar essa prática. Os resultados do seu trabalho com a Árvore, as esferas e os caminhos não se restringem ao período de meditação. Acontecimentos da sua vida, novas pessoas, mudanças no seu modo de pensar também podem ser conseqüências dessa vivência. Um registro diário, combinado com observações sobre os objetos de contemplação, podem *mostrar-lhe* esses efeitos aparentemente indiretos.

CAMINHO: 11º
ENTRE: Kether — Chokmah
TÍTULO: Inteligência Cintilante
CARTA: O Louco
LETRA: Aleph
CORES: Amarelo pálido brilhante
      Azul-celeste
      Esmeralda-azulado
      Esmeralda salpicado de dourado
ATRIBUIÇÃO ASTROLÓGICA: Ar
ANIMAL: Águia
JÓIA: Calcedônia
FIGURA MITOLÓGICA: Johnny Appleseed
MEDITAÇÕES: Imagine-se como O Louco.

CAMINHO: 12º
ENTRE: Kether — Binah
TÍTULO: Inteligência Transparente
CARTA: O Mago
LETRA: Beth
CORES: Amarelo
      Púrpura
      Cinza
      Índigo salpicado de violeta
ATRIBUIÇÃO ASTROLÓGICA: Mercúrio
ANIMAL: Íbis
JÓIA: Ágata
PLANTA: Verbena
FIGURA MITOLÓGICA: Hermes Trismegisto (Tehuti)
MEDITAÇÕES: Medite sobre Tehuti; sobre os quatro instrumentos elementais; veja-se como O Mago.

CAMINHO: 13º
ENTRE: Kether — Tifareth
TÍTULO: Inteligência Unitiva
CARTA: A Grã-Sacerdotisa
LETRA: Gimel
CORES: Azul
      Prata
      Azul pálido frio
      Prata raiado com azul
ATRIBUIÇÃO ASTROLÓGICA: A Lua
ANIMAL: Camelo
JÓIA: Pedra-da-lua, pérola
FIGURA MITOLÓGICA: Diana, Ísis
MEDITAÇÕES: Imagine-se como o camelo; como alguém cuja vida depende do camelo; como a Grã-Sacerdotisa.

CAMINHO: 14º
ENTRE: Chokmah — Binah
TÍTULO: Inteligência Iluminadora
CARTA: A Imperatriz
LETRA: Daleth
CORES: Verde-esmeralda
      Azul-celeste

Verde do início da primavera
Rosa brilhante ou cereja raiado de verde pálido
ATRIBUIÇÃO ASTROLÓGICA: Vênus
JÓIA: Esmeralda
PLANTA: Roseira
FIGURA MITOLÓGICA: Mut
MEDITAÇÕES: Medite sobre a deusa egípcia Mut; sobre a criança no colo
           da Imperatriz; sobre a união do masculino com o feminino
           para criar a vida em todos os níveis.

CAMINHO: 15º
ENTRE: Chokmah — Tifareth
TÍTULO: Inteligência Constitutiva
CARTA: O Imperador
LETRA: Heh
CORES: Escarlate
      Vermelho
      Escarlate brilhante
      Vermelho vivo
ATRIBUIÇÃO ASTROLÓGICA: Áries
JÓIA: Rubi
PLANTA: Gerânio
FIGURA MITOLÓGICA: Gilgamesh
MEDITAÇÕES: Imagine-se ficando cada vez maior até estar no espaço pro-
           fundo

CAMINHO: 16º
ENTRE: Chokmah — Chesed
TÍTULO: Inteligência Triunfante ou Eterna
CARTA: O Sumo Sacerdote
LETRA: Vau
CORES: Laranja-avermelhado
      Índigo-escuro forte
      Verde-oliva cálido
      Marrom intenso
ATRIBUIÇÃO ASTROLÓGICA: Touro
ANIMAL: Touro
JÓIA: Topázio
PLANTA: Liquidâmbar
PERFUME: Estoraque

216 ✙ O TARÔ DAS BRUXAS

FIGURA MITOLÓGICA: O Rei Pescador
MEDITAÇÕES: Seja o Sumo Sacerdote visível na carta; seja a Suma Sacer-
dotisa invisível na carta; medite sobre o significado do
Grande Rito como símbolo.

CAMINHO: 17º
ENTRE: Binah — Tifareth
TÍTULO: Inteligência Ordenadora
CARTA: Os Amantes
LETRA: Zain
CORES: Laranja
Malva esmaecido
Marrom-escuro
Cinza-avermelhado, tendendo para o malva
ATRIBUIÇÃO ASTROLÓGICA: Gêmeos
JÓIA: Alexandrita
FIGURA MITOLÓGICA: Castor e Pólux
MEDITAÇÕES: Visualize-se como uma das três figuras que aparecem na
carta.

CAMINHO: 18º
ENTRE: Binah — Geburah
TÍTULO: Inteligência da Casa da Influência
CARTA: O Carro
LETRA: Cheth
CORES: Âmbar
Marrom
Castanho-avermelhado vivo
Marrom-esverdeado escuro
ATRIBUIÇÃO ASTROLÓGICA: Câncer
ANIMAL: Esfinge
JÓIA: Âmbar
FIGURA MITOLÓGICA: Apolo/Faetonte
MEDITAÇÕES: Imagine-se dirigindo o Carro, veja o que implica controlar
as duas esfinges.

CAMINHO: 19º
ENTRE: Geburah — Chesed
TÍTULO: Inteligência do Segredo
CARTA: A Força

APÊNDICES ✛ **217**

LETRA: Teth
CORES: Amarelo-esverdeado
      Púrpura-escuro intenso
      Cinza
      Amarelo-avermelhado
ATRIBUIÇÃO ASTROLÓGICA: Leão
ANIMAL: Leoa
JÓIA: Olho-de-gato, citrino
FIGURA MITOLÓGICA: Ândrocles
MEDITAÇÕES: Imagine-se como o leão ou como a jovem. Medite sobre a
      força e a flexibilidade da serpente. Medite sobre um citrino.

CAMINHO: 20º
ENTRE: Chesed — Tifareth
TÍTULO: Inteligência da Vontade
CARTA: O Eremita
LETRA: Yod
CORES: Verde-amarelado
      Cinza-azulado
      Cinza-esverdeado
      Roxo-escuro
ATRIBUIÇÃO ASTROLÓGICA: Virgem
JÓIA: Peridoto
FIGURA MITOLÓGICA: Diógenes
MEDITAÇÕES: Imagine que você está no meio da escuridão e uma figura
      aparece segurando uma lanterna. Imagine que você é essa
      figura.

CAMINHO: 21º
ENTRE: Chesed — Netzach
TÍTULO: Inteligência da Conciliação e da Recompensa
CARTA: A Roda da Fortuna
LETRA: Kaph
CORES: Violeta
      Azul
      Púrpura intenso
      Azul brilhante, raiado de amarelo
ATRIBUIÇÃO ASTROLÓGICA: Júpiter
JÓIA: Lápis-lazúli, ametista

PLANTA: Hissopo, carvalho
FIGURA MITOLÓGICA: Mamitu
MEDITAÇÕES: Imagine-se na Roda da Fortuna enquanto ela rola.

CAMINHO: 22º
ENTRE: Geburah — Tifareth
TÍTULO: Inteligência Fiel
CARTA: A Justiça
LETRA: Lamed
CORES: Azul-esmeralda
      Azul
      Azul-esverdeado-escuro forte
      Verde esmaecido
ATRIBUIÇÃO ASTROLÓGICA: Libra
ANIMAL: Aranha
JÓIA: Jaspe-sangüíneo
PLANTA: Aloé
FIGURA MITOLÓGICA: Maat
MEDITAÇÕES: Imagine o seu coração no prato da Balança de Maat. Imagine-se como a Figura da Justiça.

CAMINHO: 23º
ENTRE: Geburah — Hod
TÍTULO: Inteligência Estável
CARTA: O Enforcado
LETRA: Mem
CORES: Azul-escuro forte
      Verde-marinho
      Verde-oliva intenso
      Branco com tons de púrpura
ATRIBUIÇÃO ASTROLÓGICA: Água
PERFUME: Mirra, onicha
JÓIA: Água-marinha
PLANTA: Todas as plantas aquáticas, arruda
FIGURA MITOLÓGICA: Odin
MEDITAÇÕES: Medite sobre Odin. Imagine-se como o Enforcado.

CAMINHO: 24º
ENTRE: Tifareth — Netzach
TÍTULO: Inteligência Imaginativa
CARTA: A Morte

APÊNDICES ✢ **219**

LETRA: Nun
CORES: Azul-esverdeado
      Marrom-fosco
      Marrom-escuro
      Marrom-índigo pálido
ATRIBUIÇÃO ASTROLÓGICA: Escorpião
ANIMAL: Escaravelho
JÓIA: Escaravelho entalhado
PLANTA: Todas as plantas venenosas
FIGURA MITOLÓGICA: Ishtar
MEDITAÇÕES: Imagine-se como uma gota de água, caindo como chuva e
      voltando ao mar, e tornando a evaporar. Pratique a empatia.
      Imagine-se como o esqueleto da carta. Imagine-se como
      uma das cabeças. Faça a jornada de Ishtar. Desça pelo rio
      em direção ao mar, como um peixe.

CAMINHO: 25º
ENTRE: Tifareth — Yesod
TÍTULO: Inteligência da Provação ou Tentação
CARTA: A Torre
LETRA: Samech
CORES: Azul
      Amarelo
      Verde
      Azul-escuro intenso
ATRIBUIÇÃO ASTROLÓGICA: Sagitário
JÓIA: Obsidiana
FIGURA MITOLÓGICA: Zeus
MEDITAÇÕES: Imagine ser a Torre no momento em que ela é atingida pe-
      lo raio.

CAMINHO: 26º
ENTRE: Tifareth — Hod
TÍTULO: Inteligência Renovadora
CARTA: O Cornífero
LETRA: Ayin
CORES: Índigo
      Preto
      Preto-azulado
      Cinza bem escuro e frio

220 ✛ O TARÔ DAS BRUXAS

ATRIBUIÇÃO ASTROLÓGICA: Capricórnio
ANIMAL: Cabrito
JÓIA: Diamante Negro
FIGURA MITOLÓGICA: Cernunos
MEDITAÇÕES: Medite sobre os dois aspectos de Cernunos — o Senhor da
Floresta e o Caçador. Pense sobre a vida que se desenvolve
naturalmente no ambiente selvagem da natureza, com o seu
lado agradável e o seu lado difícil.

CAMINHO: 27º
ENTRE: Netzach — Hod
TÍTULO: Inteligência Ativa ou Estimulante
CARTA: Temperança
LETRA: Peh
CORES: Escarlate
Vermelho
Vermelho veneziano
Vermelho brilhante, raiado de azul e esmeralda
ATRIBUIÇÃO ASTROLÓGICA: Marte
JÓIA: Qualquer pedra vermelha
PLANTA: Pimenta-malagueta
FIGURA MITOLÓGICA: Os Deuses Ferreiros
MEDITAÇÕES: Imagine que você é a figura da carta. Tome consciência
das energias que saem de uma esfera e a ela voltam.

CAMINHO: 28º
ENTRE: Netzach — Yesod
TÍTULO: Inteligência Natural
CARTA: As Estrelas
LETRA: Tzaddi
CORES: Violeta
Azul-celeste
Malva-azulado
Branco com matizes de púrpura
ATRIBUIÇÃO ASTROLÓGICA: Aquário
JÓIA: Calcedônia
PLANTA: Oliveira
FIGURA MITOLÓGICA: A Musa
MEDITAÇÕES: Alcance as estrelas. Torne-se o recipiente em que a água é
derramada.

CAMINHO: 29º
ENTRE: Netzach — Malkuth
TÍTULO: Inteligência Corpórea
CARTA: A Lua
LETRA: Qoph
CORES: Carmesim
    Amarelo-pardo matizado de branco-prateado
    Castanho-róseo claro
    Pedra
ATRIBUIÇÃO ASTROLÓGICA: Peixes
JÓIA: Pérola
PLANTA: Lótus
FIGURA MITOLÓGICA: Mãe Anciã
MEDITAÇÕES: Imagine-se penetrando numa pérola, à procura do seu cora-
    ção.

CAMINHO: 30º
ENTRE: Hod — Yesod
TÍTULO: Inteligência Coletiva
CARTA: O Sol
LETRA: Resh
CORES: Laranja
    Amarelo-dourado
    Âmbar intenso
    Âmbar raiado de vermelho
ATRIBUIÇÃO ASTROLÓGICA: O Sol
JÓIA: Crisólito
PLANTA: Girassol, heliotrópio
FIGURA MITOLÓGICA: Arquimedes
MEDITAÇÕES: Medite sobre um girassol, a carta como um todo ou partes
    específicas dela.

CAMINHO: 31º
ENTRE: Hod — Malkuth
TÍTULO: Inteligência Perpétua
CARTA: O Julgamento
LETRA: Shin
CORES: Escarlate-alaranjado brilhante
    Escarlate
    Escarlate matizado com dourado
    Escarlate salpicado com carmesim e esmeralda

ATRIBUIÇÃO ASTROLÓGICA: Fogo
JÓIA: Opala de fogo
PLANTA: Papoula vermelha
FIGURA MITOLÓGICA: Prometeu
MEDITAÇÕES: Imagine-se como a figura que está mais abaixo na carta.
    Medite sobre Prometeu.

CAMINHO: 32º
ENTRE: Yesod — Malkuth
TÍTULO: Inteligência Administrativa
CARTA: O Universo
LETRA: Tav
CORES: Índigo
    Preto
    Preto-azulado
    Preto raiado de azul
ATRIBUIÇÃO ASTROLÓGICA: Saturno
JÓIA: Quartzo enfumaçado
PLANTA: Freixo, erva-moura
PERFUME: Assa-fétida
FIGURA MITOLÓGICA: Íris
MEDITAÇÕES: O Portão da Vida e da Morte; a cruz de braços iguais. Ima-
    gine-se como a figura central, ou como uma criança no ven-
    tre da figura central.

BIBLIOGRAFIA

Ashcroft-Nowicki, Delores, *The Shining Paths*. North Hollywood, CA: Newcastle Pub. Co., 1984.

Budge, E. A. Wallis, *Egyptian Language*. Nova York: Dover, 1983.

Butler, Bill, *Dictionary of the Tarot*. Nova York: Schocken Books, 1977.

Carl Olsen, org., *The Book of the Goddess, Past and Present*. Nova York: Crossroad, 1983.

Crowley, Aleister, *777 and Other Qabalistic Writings*. Nova York: Weiser, 1977.

Denning e Phillips, *Magical States of Consciousness*. St. Paul: Llewellyn Publications, 1985.

Graves, Robert, *The White Goddess*. Nova York: Farrar Straus & Giroux, 1978.

Gray, Eden, *The Complete Guide to the Tarot*. Nova York: Crown Publishers, 1970.

Hall, Manly, *The Tarot*. Los Angeles, CA: Philosophical Research Society, 1978.

Knight, Gareth, *A Practical Guide to Qabalistic Symbolism, Volume II*. Nova York: Weiser, 1978.

Monaghan, Patricia, *The Book of Goddesses and Heroines*. Nova York: E. P. Dutton, 1981.

Regardie, Israel, *The Golden Dawn*. St. Paul: Llewellyn Publications, 1971.

Regardie, Israel, *A Garden of Pomegranates*. St. Paul: Llewellyn Publications, 1984.

Squire, Christopher, *Celtic Myth and Legend*. North Hollywood, CA: Newcastle Pub. Co., 1975.

Sykes, Egerton, *Everyman's Dictionary of Non-Classical Mythology*, Nova York: E. P. Dutton, 1977.

Waite, Arthur E., *The Pictorial Key to the Tarot*. New Hyde Park, NY: University Books, 1959.

Wang, Robert, *The Qabalistic Tarot: A Textbook of Mystical Philosophy*. Nova York: Weiser, 1983. [O Tarô Cabalístico, publicado pela Editora Pensamento, São Paulo, 1994.]

Westcott, Wynn, trad., *Sefer Yetzirah*. Nova York: Weiser, 1976.